销售赢单实战笔记

俞赛前 著

SALES

长江出版社
CHANGJIANGPRESS

图书在版编目（ＣＩＰ）数据

销售赢单实战笔记 / 俞赛前著．— 武汉：长江出版社，2022.7
ISBN 978-7-5492-8288-3

Ⅰ．①销… Ⅱ．①俞… Ⅲ．①销售－通俗读物 Ⅳ．
①F713.3-49

中国版本图书馆CIP数据核字（2022）第 069058 号

销售赢单实战笔记 / 俞赛前　著

出　　版	长江出版社	
	（武汉市解放大道 1863 号　邮政编码：430010）	
选题策划	天河世纪	
市场发行	长江出版社发行部	
网　　址	http://www.cjpress.com.cn	
责任编辑	李　恒	
印　　刷	香河县闻泰印刷包装有限公司	
版　　次	2022 年 7 月第 1 版	
印　　次	2022 年 7 月第 1 次印刷	
开　　本	880 mm×1230mm　1/32	
印　　张	7	
字　　数	150 千字	
书　　号	ISBN 978-7-5492-8288-3	
定　　价	59.80 元	

序言　签单其实很简单

销售是一份工作，是一份职业，也可以是一项事业，每个人对待销售工作和职业的认知边界和努力程度，决定了销售的成就；销售工作可以提升你的沟通技巧，激发你的胆识和勇气，磨砺你的品性和性格，拓展你的人脉资源，丰富你的阅历和人生；与此同时，销售成功后不仅仅可以给你带来丰厚的物质回报，成为你实现自我价值和人生追求的快速通道，还可以让你体验奋斗成功后的愉悦感和成为受人尊敬的社会人士。

惠普前全球副总裁孙振耀，1982年加入惠普公司。1999年，孙振耀先生被任命为惠普公司大中华区计算机系统事业部总经理。2002年9月，孙振耀先生被任命为惠普公司全球副总裁。2007年他在从惠普退休的离职感言《致年轻人的一封信》中谈到年轻人对职业的选择，"职业的选择，总的来说，无非就是销售、市场、客服、物流、行政、人事、财务、技术、管理几个大类，有个有趣的现象就是：500强的 CEO 当中最多的是销售出身，第二多的是财务出身，这两者加起来大概超过95%"。

世界上最受尊敬的CEO之一、通用电气（简称GE）公司杰克·韦尔奇曾说，"任何企业都有两类问题：硬性问题和软性问题"。硬性问题包括销售、财务、技术和生产等，而软性问题是关于价值观、士气和沟通等。硬性问题通常会影响到企业的底线——利润线；而软性问题则会影响企业的上线——营业收入总额，其非常清晰地昭示了销售工作的结果，是可以影响到企业的利润、事关企业的生死存亡的问题。

阿里巴巴创始人马云起初参加了三次高考才考入杭州师范学院，后来创立了阿里巴巴公司，历经20多年商场的风雨沉浮，才取得如今瞩目的成就。他向全世界推广和宣告了一句话——让天下没有难做的生意。

滴滴创始人程维，从最基层的阿里巴巴销售代表做起，一步一步脚踏实地拼搏，后来成为阿里巴巴北方大区北京区域经理，直到后来创立北京小桔科技有限公司——滴滴出行，从此迈入人生新征程。

高瓴资本运营合伙人、美团网原COO、阿里巴巴原副总裁阿干，2000年从中石油跳槽到阿里巴巴（工号67），从一线业务员做起，后历任网站运营总监、市场总监、区域经理、大区总经理、副总裁等，也是从基层销售做起，后实现人生质的飞越。

我确信每一个读者身边每天也在发生同样的事情，你的朋友、同学、打过交道的人、听说过的人，他们有些是迫于生计，有些是为了追求更好的生活，为了实现自己的理想，才从事了销售的职业。他们一步一步、脚踏实地拼搏着，也经历了从无到有，从懵懂到独当一面的成长。从收集每一个客户资料，打第一通预约电话，拜访第一家客户，签第一个单开始；从收第一笔款，第一次受到客户的表扬，第一次登上领奖台开始；从第一次被客户拒绝，第一次被客户扫地出门，第一次被客户挂断电话，第一次被主管要业绩，第一次被关小黑屋盘点客户做业绩复盘开始；从第一次被同事瞧不起，第一次被主管点名批评开始，等等。

这一切的一切都是销售的过程，也是销售生活中的一种常态，这是一种让人产生向上的力量的生活。而坚持和不断地学习、实践，是这个行业成功的不二法门。唯有坚持，你的毕生所学才能够有用武之地；唯有坚持，你才能够获得客户的信任；唯有坚持，你才有可能走上销售管理岗位。知识和实践，是最好的养分，是最优的燃料和添加剂，也是你前行和腾飞的动力。

销售工作，苦不苦，累不累，怕不怕，过不过瘾，只有经历过，才会有体会。我强烈呼吁每一个人这一辈子一定要做一次销售，尤其是初入职场的毕业生。因为销售是人类发展融进血液里面的一种基因。我们每个人无时无刻不在进行自我销售，开会时销售我们的观点，恋爱时销售我们自己，为人父母教育孩子是销售我们的价值观和理念。

从事销售工作，到底难不难，答案是肯定的——是非常艰难的。因为销售工作是一种追求概率的价值传递方式，要求我们有大量的前期投入，良好的心理建设，专业的销售知识和丰富的销售技巧等，尤其困难的是把产品卖出去，把钱收回来。

与此同时，销售工作也是一门科学，需要销售人员有自己的知识体系、逻辑结构、推销技巧及实践经验，销售也是人与人之间、人与企业之间、企业与企业之间实现价值交换的方式。同时，销售工作其实更是一门艺术，虽然销售工作有独特的标准和流程，但销售工作的本质是销售人员和客户之间的一种交流和互动，销售职业需要在形象与理性和把握情感体验与逻辑认知两者之间找到平衡和统一，但是销售也有规律可循，有成功的法则，以上所述，就是销售工作最迷人之处。

目 录

第五章
客户的初次成交是下次成交的开始

第一章

销售成功法则

销售成交公式

■ 销售 = 痛点 × KP × 方案 × 价值 × 控制

■ 痛点：客户是否已经彻底承认自己的痛苦？

■ KP：关键决策人是否有足够的影响力和权力？

■ 方案：客户是否认同解决方案？

■ 价值：解决方案是否有显著价值？

■ 控制：客户和销售流程是否可控？

■ **痛点**：顾名思义让客户痛苦的地方，有可能是销售团队招聘不到新鲜血液，有经验的销售人员频繁跳槽，销售团队执行力不强，销售结果不理想，客户满意度低或客户续约率低等方方面面的问题，而在对企业的销售过程中，优秀的销售人员要善于引导、挖掘甚至是协助客户，找到企业当期存在的问题。更为重要的是，让客户感知到这种痛苦，这个时候，客户为了逃避这种痛苦，是有希望得到帮助和改善的需求的，这也就是销售人员的销售机会。

■ **KP（Key Person）关键决策人**：在对企业的销售过程中，存在着多决策人的情况，有可能是影响决策的人，也有可能是产品或服务实际使用人，关键决策人在做出购买决策的时候，一定会征询他们的建议，因此梳理客户公司内部的决策体系，发现并联系影响决策的人，从而清除签单的障碍，是获得关键决策人认可的必经之路。

■ **方案**：无论是对个人还是对企业的销售行为，一定是给客户提供了解决方案，并解决了客户的痛点，因此作为销售人员，提供最佳性价比的方案，是满足客户需求的前提条件；而方案的核心是性价比，尤其是在对企业的销售过程中，企业的购买决策是一个综合评估过程，将会挑选多家供应商进行对比，而方案的性价比，品牌背书和售后服务的综合实力优胜者将会毫无悬念地胜出。

■ **价值**：作为产品或者服务提供商，销售人员是在销售一套解决方案，而方案是否有价值必然是一个非常重要的衡量指标，客户很简单直接地将价值和价格类比，从而直接跳转到价格，很容易进入讨价还价的环节，因此全力以赴甚至是从头开始就要非常精心设计产品的价值传递的场景。

■ **控制**：销售行为，从购买与否的角度而言，毫不夸张地说，就是一个买卖双方的抢夺控制权的过程，一方面购买者总是在寻找最具性价比和服务质量最优的供应商；另一方面销售人员会想尽一切办法，将产品或者服务推荐给客户。这是一场拉锯战，谁掌握了主动权和话语权，谁就掌握了谈判的上风，处于有利的竞争位置。

在销售的实践中，销售人员和客户均处于不断变化过程之中，而且每一个客户都是独一无二的，客户的关注点不一样，实际情况也变幻莫测。与此同时，销售人员的能力也参差不齐，客户难以管理，业绩难以预测，这一切让销售管理者很头疼。

一家企业的整体销售业绩得视大多数销售人员是否成功而定，我们必须帮助大多数销售人员成功；而确保销售人员能够成功的最大秘诀就是销售流程，流程是一连串系统化的行动，或者说是为了达到目的而采取的明确的、可以复制的执行步骤；销售流程就是在销售实践中，为每个步骤提供架构，为每个销售人员提供一份销售漏斗路径图，指导销售人员走上概率最高的成功道路。

一个优秀的销售流程可以帮助销售团队：

• 明确指出成功率最高的下一步行动；

- 会诊并矫正个人和团队的不良行为；
- 评估销售人员的业绩进展和节奏；
- 提高销售业绩预测的准确性；
- 客观记录客户的变化和需求。

销售的成功法则为销售流程做了最好的例证，销售人员在日常的销售实践中，要随时对公式中的每项变量进行观测和复盘，因为这是一个乘法公式，如果其中一项为零，意味着销售的彻底失败，甚至会导致出局，同时，这个成功的销售法则能让你快速找出有效的销售机会，评估成交的概率，以及帮助你管理客户漏斗和销售流程，以便完成目标业绩。

销售成交公式最大的价值就是以数学公式的方式，非常清晰地提出了销售成交的关键成功因素，以及彼此之间的关联。对于优秀的销售人员而言，这是一种非常有效的销售思路、销售理念、销售指向和有针对性的行为方式。

第二章

客户体验之旅

客户体验之旅

　　人们从来都不喜欢接受被动的推销，而喜欢自己做主做决定，而优秀的销售人员懂得创造一种让客户主动产生购买欲望和冲动的环境和氛围。真正的用户决策不是你去说服他，而是让用户自己说服自己，从而产生购买行为。

——俞赛前

- **客户心理学**：站在客户的角度，从第一次接触到销售人员、公司或产品开始，每一个接触点或者通过第三方得到的信息，客户就在不断地进行整理、分析、判断、记忆和储存，互信关系的建立是一个长期且持续的过程，就正如不断在客户"心里的银行"存款，然后在签单时零存整取。
- **销售冠军心理学**：首先，销售人员必须进行持续的心理建设，保持足够的耐心，不可以操之过急，耐心是销售人员最好的销售策略；其次，精心设计和准备与客户的每一次接触，无论是电话预约、面对面交谈、自我形象的管理、销售工具，还是销售解决方案等。

> **√ 划重点**
>
> 客户体验之旅（Customer experience journey map），也可以称之为客户体验地图，是客户与企业（包括销售人员、产品和办公地点等）之间多渠道多维度互动的行程和行为记录，尤其是客户在每个触点上的"纯体验"感受。

客户体验之旅是从潜在消费者的需求出发到成为忠实品牌代言人的过程，可以分为五个阶段：了解→吸引→询问→购买→代言，这是一个消费者从有消费意识到成为忠实的品牌代言人，其消费行为形成的完整而真实的闭环。

在整个过程中，消费者的行为亦发生了很大的变化，从被动地接收产品或服务信息，到处理或加工已知信息，并开始通过多种渠道主动收集相关的决策信息，然后进行信息的交叉验证和检验，从而得出关键且有价值的可供决策的信息，并做出初步的购买决策信息，最终做出购买和支付的决策；在使用一段时间后，如果期望水平和实际体验感知差异不大，则会产生适合的满意度水平。

我们以购买汽车的实际过程为例，与各位读者来一次客户体验之旅。

1. 预算和品牌初定

选车是第一步也是最重要的一个环节，只有选择正确了，才能保证以后的环节正确。选车首先得考虑自己的经济实力和购车预算，看一下自己大约想买什么价位的车，价格区间确定了，可以再考虑自己喜欢的品牌或者车型，如果对车的性能不是很了解的话，可以多向有车的车主进行咨询，参加汽车展／新车发布会，或者通过互联网购车平台以及汽车品牌的官方网站做一些了解。

最直接有效的办法就是进到汽车品牌的4S店。首先看观感，比如总体感觉、车身颜色、车身线条等外观，然后打开车门进入汽车，感受乘坐的舒适程度、内部空间大小、内饰的设计和材料、细节的处理；最后可以打开后备厢或者引擎盖，对空间大小以及发动机舱的布局有一个初步的感知，只有真正做到一看二闻三摸，我们对汽车的总体的感知，才是立体的和真实的。

2. 新车试乘试驾和型号、配置的确定

初选几款车之后就要进行试驾试乘来实际动态体验，看是否符合自己的需要和驾驶习惯，同时对比感受车辆外观、内饰、动力、操控、刹车以及乘坐体验；通常汽车销售公司都会提供

顶配或者次顶配的试乘试驾车（这是一种典型的销售策略，只是为潜在购买者提供最优的驾乘体验），可能不是实际购买的车型配置，但依然对品牌的认知、心理的建设和购买决策具有实际的参考意义。

选定了具体的汽车品牌之后，还要根据试乘试驾的体验、自己的预算和实际需要确定汽车的具体型号，比如排量大小，是标准配置还是高级配置，还是需要增加个性化的配置，这些当然是根据自己的购车目的、经常跑的线路、使用习惯及乘坐人员的数量等进行综合的判断和选择。

3. 价格的商议和购买

初步选定了适合自己的车和配置之后（汽车4S店的销售人员会提供至少三种低中高的车型），接下来就开始进行询价，询价之前可以到汽车品牌官方网站上了解选定车型的官方报价，以及向其他同类型的车主打听实际的成交价格等信息，这样可以做到心中有数。

然后可以多去几家4S店进行询价问价，看看哪家店给的价格最为实在，选择一个最优的价位，或者会附赠很多赠品，比如车辆保险折扣、车内装饰或保养优惠等；在付款购买方式上，一般有车辆以旧换新补差价、全款直接支付和贷款支付三种形式，贷款又分为抵押贷款和信用贷款，最终按照潜在车主与经销商合同约定的金额支付即可。

4. 购买保险和缴纳购置税

车辆购买完毕就要买保险了（一般在汽车4S店与购车同步进行）。除了强制交通险外，商业保险如划痕险、玻璃险、第三方责任险、自燃险等这些都是可以根据自己的需要酌情自由选择的，但是如果是新手驾驶的话，可以考虑多买几种保险而且理赔上限要更高，这些会减少因为交通事故带来的风险损失。

购买保险之后要去当地税务局网上或者柜台缴纳汽车购置税，目前国内新能源车是免购置税政策，燃油车还需要按照规定缴纳，缴纳完购置税之后才可以为新车上牌照。

5. 新车上牌

每辆车子驶下生产线的时候都有一个序列号（VIN码），这个就是车辆的出生证明，然后为新车上的牌照就相当于每个人的身份证号了，每个序列号都是独一无二的。到当地的车辆管理部门，先进行车检，提供身份证以及发票等购车手续，然后可以通过抽号选取一个自己喜欢的车牌号，工作人员给你办理行车证，这样新车的手续基本就算办理完成了。

6. 新车装饰及售后服务

购买回家的车子还是原装配置，部分用户喜欢加装一些装饰，比如给玻璃、前挡、后挡贴膜，加脚垫、座椅套和方向盘套等，这些都弄完了，再将车检标志张贴于前挡玻璃右上角的位置。

汽车的售后服务主要包括例行的保养和维修，按照汽车售后服务手册的内容，定期到指定的汽车4S店进行保养等售后服务，或者在行驶的过程中出现了故障，按规定也必须到指定的4S店进行维修和维护。

从汽车消费的体验之旅中，汽车品牌商、经销商4S店、汽车销售人员和车主，从产生购买意愿到汽车上路行驶，共同经历了至少九个触点，任何一个过程双方的互动和体验感受，直接关系到甚至决定了成交的概率和成交的金额等。所以我们就不难理解为什么每个汽车品牌的4S店装修都是精致豪华、高大上的；汽车销售人员形象端正且职业高效，因为汽车品牌对顾客的消费心理、决策和购买模式进行了全面、专业且细致的研究，精心设计了每一个接触点，通过接触点的体验，让顾客形成对品牌的特定认知，从而带来感受上的愉悦，形成了每个汽车品牌独特的体验和消费者对品牌的感知。

客户交互触点

客户交互触点是指客户与企业品牌、产品或服务和销售人员等在每个环节的接触点，包括视觉、触觉、听觉、嗅觉和味觉等，以及因此而产生的心理和情绪感知。

依据客户心理学和成交心理学的理论依据，信任和喜欢是相互的，接近性和吸引力影响我们最初为谁所吸引，而相似性会影响长期的吸引。因为我们有一种强烈的归属需要，以及被接纳、被认可的需求，最好的关系就是发生在有共同的态度、信仰、价值观和喜好之上，相似导致喜欢，喜欢建立互信，这就是客户交互触点的设计原理和理论依据。

一个潜在用户，无论是去你的门店、看你的官网、打开你的 APP，还是接受你的服务、使用你的产品等，他都会接触无数个点。我们以孩子素质教育的线下门店为例，户外广告牌的颜色、字体和位置，整体装修风格（包括主题颜色、桌椅的风格、墙面装修、灯光设计、整个教学区域的氛围、绿植数量和摆设位置），接待老师的颜值、谈吐的语气，招生宣传及老师介绍，POP（店头促销工具）和易拉宝设计，轮播视频宣传片，上课教室的硬件，等等，这都是用户与你的接触触点。

请注意，这些触点都非常重要，每一个都关乎用户体验，你得好好去规划。并且，触点管理有一个显而易见的好处：它不是让你去说服别人，而是通过营造一系列的触点，通过这些触点自然而然地影响客户的大脑，影响客户的判断，影响客户的决策，影响客户的理智。真正的用户决策不是你去说服他，而是营造一种体验让用户自己说服自己。

触点体验细节

页面展示：官网、APP或者公众号，页面的设计和客户体验。

地理位置：与学生家庭位置距离是否合适，交通是否便捷，等等。

停车：教学点附近是否有停车场，停车是否方便，停车场是否收费，等等。

户外指引：是否有明显的户外广告、路线指引、漂亮的招牌等等。

接待区：是否有前台接待老师、形象如何、服务如何，是否有专人指引并接待，是否有等待区，是否有独立的咨询

区，是否提供饮品，等等。

教学区：教室装修如何、布置是否合适，校区教学氛围如何、是否有Wi-Fi，工作人员着装如何、是否有独立卫生间，等等。

咨询服务：是否有专人提供咨询、服务态度如何，是否有相应资料、资料内容是否齐全，是否有教师资质介绍，是否可以提供体验课，等等。

教学及课程：上课时间是否科学，有没有上课提醒，有无课程预习，上课老师是否专业，课程是否有趣，上课反馈机制怎么样，有无课程和老师的评测系统，课后是否有作业，上课是否需要分班，每次上课人数是多少，老师对学员关注度如何，老师与家长的互动如何，等等。

收费：价格是否合理，如何收费，是否有规范的合同，是否有售后保障，如何申请退款，等等。

反馈：网络上面的评价如何，服务中的客户反馈如何，孩子们的反馈如何，等等。

客户交互触点场景设计

触点设计原则

依据客户体验设计的每一个触点，都应该有它自己独特的使命，无效触点只会让你徒劳无功。那么究竟如何设计触点？客户触点设计的标准和要求到底是什么？

1. 击中客户需求

每个用户都有自己的痛点，这个痛点就是客户的真实需求，企业提供的产品或服务存在的价值就是解决客户的痛点，只有解决了客户的痛点，客户才会产生好感，这是一切产品或服务设计的出发点和初心。

最近几年，新冠肺炎疫情的大肆横行，直接拉升了大众对身体健康的关注度，尤其是经常久坐的办公室脑力劳动者，由于长期在室内伏案工作，而且是在封闭的环境中，加之长期的加班加点，作息时间不规律，昼夜节律紊乱，内分泌系统失调，因此，提升身体的免疫力和耐受力，成为各行各业尤其是中青年人的刚需，而传统健身房和智能健身模式更受潜在消费者青睐。比如时下最流行的线上线下相结合的健身模式：Keep。Keep APP 于2015年2月4日上线，致力于提供健身教学、跑步、骑行、交友及健身饮食指导、装备购买等一站式运动解决方案。

2. 激发购买动力

你提供的产品或服务，需要销售人员针对用户进行痛点梳理和重构，痛点的梳理和重构指的是销售人员要帮助客户将痛点详细地列出来，就好像健身房教练的专业化咨询模式，健身房教练会关切地了解你的现状，比如体重、身高、饮食习惯和生活习惯等，以及关键身体现状的指标。

例如：身体质量指数 BMI（Body Mass Index），是用体重公斤数除以身高米数平方得出的数字，是目前常用的衡量人体胖瘦程度以及是否健康的一个标准。基础代谢率 BMR（Basal Metabolic Rate），是指人体在清醒而又极端安静的状态下，不受肌肉活动、环境温度、食物及精神紧张等影响时的能量代谢。体脂率 BFR（Body Fat Rate），指人体内脂肪重量在人体总体重中所占的比例，又称体脂百分数。运动心率 EHR（Exercise Heart Rate），指人体在运动时保持的心率状态。主观用力评分 RPE（Rating of Perceived Exertion），它是利用运动中的自我感觉来判定运动强度。通过这些专业数据的测量，生成一个体测表，这样你自己和教练都对你的身体状态有了一个全面细致的了解。

3. 建立互相信任

健身房教练本身就通过了相应机构的专业考试，而且有丰富的工作经历以及庞大的学员群体，这样就是一个专业的背书，再辅之以专业仪器检测结果，将你的身体状况完整地呈现在你面前，然后了解你的个性化需求，为你量身定制一套完整的健身训练方案。

击中客户需求、激发购买动力和建立互相信任，是客户交互触点场景设计的三大指导性原则，企业或者销售人员在与潜在客户的互动过程中，需要掌握并熟练运用这三大原则进行设计。

触点流程验证

流程验证就是企业或者销售人员需要切换视角，以客户的身份对所设计的场景和流程，进行体验，并且感受每一个触点。你必须在目标用户的体验触点上，模拟、界定、规划如何影响用户、感动用户，从而对关键触点进行判断和把控，与此同时，在推向市场面对客户之前，你自己模拟远远不够，还需要进行内部测试和外部测试，比如邀请目标客户、行业内专业人士和重度核心用户等都来一次流程穿越。

当然，这个触点的穿越一定是依据科学的原理进行体验和测试，列出一个详细的检测触点，体验的阶段、体验的形式、体验的内容、体验中存在的问题以及对应的解决方案，这样从上至下不重不漏进行全面系统的梳理，才可以对触点进行全面的优化，从而提升客户体验。

反馈与迭代

反馈与迭代，是任何事物发展的必然途径和规律，这是所有的用户体验提升的必经之路，不断接收反馈，不断做迭代升级。反馈和迭代的核心点是：反馈和迭代的路径，通俗地讲，就是用户在体验过程中，发现了不爽，甚至是 Bug（漏洞）或者是有更好的建议，如何快速有效地反馈到企业？企业在进行了迭代和升级后，又如何反馈给用户？

渠道和通路的建设极其重要，否则反馈和迭代无从谈起。正如健身房的客户体验流程中，从店铺位置的选择、店面装修的风格、店内健身器材的品牌、淋浴房的设计、功能区域的摆放，甚至是前台的布置，这些都属于硬件环境，会给客户带来不同的体验；而前台接待人员的颜值态度、健身教练的形象和专业性以及健身房服务人员的培训和管理，都将会直接或者间接地影响潜在客户的体验，从而影响签约转化率，更有甚者，直接影响现有会员的续约率。

因此，一家运营成功的健身房，一定是非常重视客户的体验。只有客户体验提升，才能提升客户的满意度，提升客户新签成功率和老会员的续约率。

请切记：客户体验永远没有最好，只有更好。

客户体验的"峰""终"关键时刻

北欧航空公司前总裁詹·卡尔森认为，关键时刻就是指客户与企业的各种界面和触点发生接触的那一刻，客户的感知和情绪，决定了企业未来的成败，因为对客户而言，他只会记住那些关键时刻（Moment of Truth，简称 MOT）。

关键时刻（MOT）是2002年诺贝尔经济学奖获奖者、心理学家丹尼尔·卡纳曼（Daniel Kahneman）提出的。他在经过深入研究后，发现我们对体验的记忆由两个因素决定：高峰（无论是正向的还是负向的）时与结束时的感觉，这就是峰终定律（Peak-End Rule）。

这条定律基于我们潜意识总结体验的特点：我们对一项事物体验之后，所能记住的就只是在峰时与终时的体验，而在过程中好与不好体验的比重、好与不好体验的时间长短，对记忆没有任何影响。高峰之后，终点出现越迅速，这件事留给我们的印象越深刻。而这里的"峰"与"终"其实就是所谓的"关键时刻MOT"，MOT（Moment of Truth）是服务界最具震撼力与影响力的管理概念与行为模式。

宜家一元一支冰激凌后面的奥秘

宜家家居于1943年创建于瑞典，其开创了平价销售自行组装家具的先锋，目前是全世界最大的家具零售企业；如果列出一份宜家畅销商品排名榜单，排名第一的可能不是沙发、台灯和坐垫，也不是衣柜和马桶，而是出口处一元一支的冰激凌。仅2015年，宜家中国就售出1200万支冰激凌，一元一支的冰激凌，从成本的角度来讲，不会亏本吗？让我为你揭秘这背后的奥秘：峰终定律。

宜家冰激凌在中国的售价是一元一支，在德国的售价也是一元，只是货币单位是欧元。一元一支的冰激凌不会亏本吗？如果没有出口处一元一支的冰激凌，宜家的"终"体验可能会很差。所以，一元一支冰激凌看似赔本，其实却为宜家带来了极佳的"终"体验。一方面，传递给消费者一个普遍的认知是：宜家的商品都很便宜；另一方面，一元一支冰激凌，消费者都认为占了一个大便宜，所以这成为人们记住宜家的一个典型性标记，甚至有人专程为了一元冰激凌特意跑到宜家去购买，仅仅是因为便宜而味道好。

海底捞变态服务背后的奥秘

让我们首先来看两个海底捞的现象级段子：短视频上疯传的海底捞顾客每人打包一个西瓜带走的视频；海底捞永远排队100名开外，并且为等待的客人提供舒适的凳子、消遣的瓜子，甚至是美甲服务。

凳子、瓜子和美甲等完全代表着峰终定律的峰，海底捞通过提供这些售前服务，不仅仅是为了消除顾客等待的焦虑心理，而且完美地避免了客户去其他餐厅的可能性，牢牢地从心理上和生理上满足了顾客的功能性需求，留住了潜在消费者；与此同时，西瓜可以整个打包带走就是峰终定律的"终"，让客户觉得在海底捞一切皆有可能，充分体现了海底捞以消费者至上的服务理念。据此，海底捞成为中国营业收入额最高的餐饮企业，而在2018年以一线城市每天五次的翻台率碾压对手就不足为奇了。

关键时刻（Moment of Truth）和峰终定律（Peak-End Rule）分别从两个不同的维度阐明了企业和消费者触点的重要性；与此同理，企业、销售人员在与客户的互动过程中，必须从公司战略高度来认知其重要性，并且变成一种公司整体的战略，精心设计，完美执行，直至成为企业的核心竞争优势。

第三章

精益客户开发

客户画像——可以成交的客户长啥样

销售行为的第一步是开发精准客户，且精准客户必须符合以下三大特征：一、潜在客户有实际需求。二、接触到的是第一关键决策人。三、潜在客户有付费的意愿和能力。

——贺学友 阿里巴巴全球销售冠军

精益客户画像

精益客户是指最轻量级或者说是最小数量的可行性客户。精益客户开发首先是要设计一个产品原型，功能做得极简，客户的学习成本极低，并在这个最小数量级的客户上进行交叉测试和验证，然后依据客户反馈的建议对其持续快速迭代，直到客户达到一个相对比较稳定且可以看到同质化和规模化的阶段，可以快速验证客户需求，快速试错，减少试错成本。

1. 客户画像

客户画像的核心工作就是给客户打标签，标签通常是人为规定的高度精练的特征标志，如公司成立时间、所属行业、公司规模，公司目前面临的最大困难和愿意为解决这个困难付出的成本等。将客户的基本属性和共性要求进行提炼，形成可复制的特征，这些标签集合就能抽象出一个客户的信息全貌。

精益客户开发可分为三步实施：

第一步，形成初步的客户假设；

第二步，小范围交叉验证和测试，得出初步结论；

第三步，扩大验证范围，形成同质化和可规模化的典型性特征；将客户进行完整画像，然后按图索骥。

客户画像，是能够通过采集企业信息相关的维度，如工商信息和招聘信息、市场动态等公开数据，通过一系列算法和数据找到一定规律，抽象出的一个标签化的客户模型。企业用户画像的内容可以视具体需求而定，常用的维度如下所示。

基本情况：公司性质、成立时间、企业规模、注册资金、投资情况和办公地点等。

经营情况：经营收入、主营业务收入和提供的产品和服务等。

譬如之前笔者曾经工作的阿里巴巴（中国）网络技术有限公司国际事业部，主要为外贸型企业客户提供海外推广服务，而想要把外贸企业服务好，对企业进行用户画像是必不可少的。一个好的销售和销售管理人员只有明确了目标客户的画像，提高客户跟进效率，才能够有效促进外贸成单，帮助更多的外贸企业进行海外推广。

2. 形成初步的客户假设

客户假设分为两种情况：

第一种，初始客户。

第二种，潜在的客户画像优化和迭代。

针对初始客户，这是一个巨量且极其重要的销售实践，甚至是关系到企业的生死存亡，如果找客户的方向不对，浪费企业和销售人员的人力物力是一方面，更加重要的是企业没有营业收入，将会带来不可估量的风险；而针对服务中或潜在客户画像优化和迭代，相比初始客户而言，同样不可小觑，道理很简单，既然是已经有了服务中的客户，意味着销售团队已经初具规模，产品和服务团队应该也是装备齐全，企业从上到下都已经进行大规模的前期投入，所以销售的进展也直接关系到企业的经营状况。

基于客户假设的重要性，无论是初始客户还是潜在客户的假设和画像，均应该是企业从 CEO 到每一个销售人员投入大量的时间和资源来进行的一项极其重要的经营活动；而且客户的画像是与时俱进且不断更新和优化的，因为只有找准了客户，才能进行有针对性的产品或服务研发，进行销售获得收入。正如彼得·德鲁克先生所言，"企业最重要的经营活动就是不断创造客户"。形成客户假设应该充分考虑到客户价值。客户价值是一种行为准则，是一种经营策略，是一种战略思维。如用"一切以顾客为中心"来表述，必须涵盖以下精准的思考：

- 客户的需求和偏好是什么？
- 什么方式可以满足客户的需求和偏好？
- 企业提供的最适合这种方式的产品或服务是什么？
- 提供这些产品和服务的投入要素是什么？
- 使用这些要素的关键资产和核心能力是什么？

只有对客户价值进行了精准的思考，并且认真细致地对以上四个维度进行了深入的研究，结合企业所拥有的资源，才会形成对企业产品或服务的指导性意见，来最终满足客户需求。

小范围交叉验证和测试，得出初步结论。

无论是初始客户还是潜在客户，一旦对客户有了初步的描述后，就应该进行交叉的验证和测试，交叉验证和测试的内容包括：

- 客户的需求和偏好。
- 客户对产品或服务的期望。
- 客户对产品或服务的评价或反馈。

交叉验证和测试的方法包括：

- 客户行为和需求的观察和访谈。
- 客户的客户行为以及需求的观察和访谈。
- 销售人员的观察和访谈。

　　通过小范围的交叉验证和测试，初步的结论应该完全按照"一切以顾客为中心"来进行逐步的测试，并且找出顾客需求与公司产品和服务的差异，然后进行产品和服务的再设计再优化，以满足客户为唯一目标。

　　扩大验证范围，形成同质化和可规模化的典型性特征；对客户假设进行了小范围的验证和测试后，接下来需要对客户需求的共性进行提炼和抽象，然后按照这个逻辑首先形成同质化（就是表示不同特征的个体事物在发展过程中其内在本质特征变化逐渐趋于一致的过程。简单来说就是两种事物逐渐变得一样的过程。这一过程的主要表现为融合和替代两种形式），用通俗易懂的语言来描述就是寻找客户的共性，并且将这些共性变成可视化或易理解的特征，有助于下一步的规模化；而规模化是在同质化的基础上，扩大客户的群体和数量。

客户所在的区域（比如跨行政区域），客户所在的行业（比如传统行业或互联网行业），客户的类型（比如外资企业或民营企业），甚至突破客户的规模（比如小型客户或超大型客户、头部客户）等客户的基本特征，一旦规模化之后，对客户的画像和把控的难度越来越大。因为客户无论规模、行业甚至区域一旦成为变量，从某种意义上来讲，客户就已经不是原来的客户了，客户的需求也随之发生了突变，这就对产品服务和销售团队的销售策略，甚至公司资源的投入产生了更高的要求，要求必须跟随客户的需求而不断地进行调整。

经过第一步的客户假设、第二步的小规模交叉验证和测试以及第三步的客户同质化和规模化之后，企业取得了第一手的客户需求及客户信息，有了共性的需求也就找到了客户的共同规律，就好比枪手射击找到了靶子，但这还只是万里长征走了第一步，接下来要像画靶子一样，把整个靶子全部画出来。

从10环到靶心，这就是企业要满足客户的需求靶，企业的产品和服务都要围绕整个靶子来设计，即可以按照客户的需求和偏好分为三步：功能型产品、服务型产品和情感型产品，这不是针对不同客户的产品体系，而是针对单一客户的不同产品体系，满足了客户不同层面的需求，这才是真正的产品解决方案。

精益客户开发

在进行了第一步的精益客户画像之后，接下来的工作就是进行客户的开发，用通俗易懂的话来讲就是，寻找目标客户。目标客户的质量和数量就是普通销售人员和优秀销售人员最大的分水岭，客户质量和数量的差异，对于销售小白来说，客户的数量至关重要，刚开始从事销售工作的时候，由于经历和经验欠缺，对客户质量的判断水平是有高低之分的。多跑客户，是最好的学习方式。从跑客户的过程中，向客户学习，客户数量多了，自然而然就有了对比，客户质量高低立现。客户质量和数量的差异化，直接导致客户推进的速度、成交的概率，甚至是客单价的高低多少，因此客户的开发尤为重要。

与此同时，客户的开发要从客户的特性开始，立足于先找共性，尤其是企业特征和行业特点；就好像我们想吃鱼，但是不知道哪一类鱼好吃，于是第一个直观的做法便是，直接去超级市场或者集贸市场，因为你非常清楚，那里有各式各样的鱼，价格和品种一应俱全，任你选择。因此找客户的第一步，一定是要先找到客户聚集的地方，比如超级市场或者菜市场。

下面我来介绍三种寻找客户的方法。

第一，老客户转介绍的客户。

销售工作是一个典型的效率至上的工作类型，追求效率意味着销售人员应该充分利用时间，在既定的时间内，拜访更多优质的客户，控制销售节奏，推动销售进度，并且尽快拿到销售结果。而在与客户的接触中，一方面我们要尽快解决（以最快的时间找到最合适的）客户的问题。另一方面，与客户的信任关系的建立是一个长期且持续的过程，而老客户介绍将会为你、为你的公司、为你提供的产品或服务提供很好的背书。道理很简单，这些都是客户经过了实际体验后的口碑，因此将会节约你寻找客户的时间，尤为重要的是，客户的质量有了一定的保障。

那么在实际的工作中，我们如何推动老客户转介绍新客户呢？

1. 动之以情

既然是服务中的客户，从侧面说明了客户认可公司，认可产品和服务，认可你本人，充分验证了基础的信任关系已经建立；如果在服务过程中，客户从你的解决方案中获益，从感情上来讲，他获得了收益，就会有一定的付出来对你进行感情补偿，这就是动之以情的感情基础。正如心理学的登门槛效应，这个心理效应是由美国心理学家弗里德曼在他的一项"无压力屈从——登门槛技术"实验中提出的。它指的是一个人如果接受了他人的一个微不足道的要求，为了避免认知上的不协调，会更可能地接受更大的要求。这种现象就像登门槛一样要一级台阶一级台阶地登，因此被称为登门槛效应。这个时候，作为一名优秀的销售人员，大可不必遮遮掩掩，而是大大方方地提出你明确的需求。明确的需求，就是指希望老客户给你介绍客户的数量和质量。

基本话术模板：

张老板，非常开心和您的合作，从您身上也学到了很多知识和做人做事的道理，你也知道，我们公司对销售人员的业绩要求很高，您看能不能介绍 3 个和您关系比较近的客户给我吧？

2. 晓之以理

推动老客户介绍新客户，动之以情只是一个切入点，而能够往前再推进一步，必须是让客户觉得你说的话是有道理的，而这个理，就是你的解决方案对客户实实在在的利益，也就是说，要让老客户觉得他不仅仅是在帮助你，更加重要的是在帮助他想帮助的人，而这个他想帮助的人，就是你的潜在客户，也是他想向你推荐的客户。

这样一来，道理就全部讲清楚了。销售冠军最高超的水平在于，一定要让客户觉得他推荐客户就是在帮助他的朋友，类似于给他的朋友赚钱的机会和发红包送福利，这样就彻底消除了他的心理障碍。

3. 诱之以利

动之以情，感情到位；晓之以理，道理讲清楚了；临门一脚，诱之以利。

诱之以利是一个催化剂，也是一剂强心剂。虽然很多的时候，利益并不是主因，但是我们无法否认利益的助推价值。类似火箭的整体结构由推进系统、箭体结构和有效载荷三部分组成，而想要发射升空，脱离地心引力的作用，必不可少的一定是火箭燃料，而诱之以利就是要给老客户推荐新客户注入燃料，然后由你亲自点前火，此事才能够水到渠成。

第二，竞争对手已断约的客户。

竞争对手已经断约的客户，说明了客户有需求，并且是有迫切的需求；而且客户有购买解决方案的意愿和能力，这是一个最佳的筛选器。与此同时，一旦断约，要么是说明服务合约已经到期，要么是在服务过程中出现了不可调和的矛盾，导致不能继续服务下去，所以这也应该是销售人员最佳的时机。那如何判定竞争对手已经断约的客户？

1. 官方渠道的公开资料

通常对企业客户的销售行为，一旦签订合同就开始服务，一定会有一个类似的签约仪式或者发布会，而且会在官方的网站、微博等渠道大张旗鼓进行宣传和推广，这也是常用的宣传方式。

精明的销售人员需要时刻关注竞争对手的动向，并竭尽全力打听到服务的细节，比如合同金额、服务范围、服务期限和合作方式等。一旦掌握了这些关键信息，就需要保持与客户的接触，了解服务过程以及客户对竞争对手的评价，等待时机主动出击，并且提供与竞争对手差异化和客户需要的服务，必将起到事半功倍的效果。

2. 非官方渠道

正所谓"商场如战场"，做销售工作尤其如此，在一定的时期和区域范围内，客户资源是有限的和稀缺的，从竞争的角度来看，存量客户是企业的生存之战，也是销售人员之间的博弈。

销售人员应该保持足够敏锐的嗅觉和触觉，建立广泛的官方和非官方渠道，搭建客户获取的情报体系。

比如面试对方的销售人员，打听竞争对手服务中的客户；保持与竞争对手服务中客户的关键人的紧密接触；或者通过同行刺探服务的内容，甚至可以通过税务的开票信息来了解合同的金额，只有尽可能地第一时间获取细节信息，才有可能真正在商场上做到知己知彼，百战百胜。

第三，竞争对手正在洽谈的客户。

由于行业内销售人员的流动越来越频繁，经常出现在同一个行业同一个市场销售人员频繁跳槽，甚至直接跳槽到竞争对手的情况；加之客户信息的披露也越来越及时和全面了，因此潜在客户信息获取的易得性正在逐步增加，而这个时候对销售人员的挑战来自如何尽快找到关键决策人，并且和关键决策人建立联络。这是现阶段销售人员的比较优势和核心竞争力，因此销售人员的口碑和人脉资源显得尤其重要。

之所以谈到销售人员的口碑，是因为在行业内，客户之间或多或少都会有一定的联系，比如行业协会、共同的供应商或者共同的客户等。一个优秀的销售人员如果对客户服务得好且帮助客户获利，就能很快在一定的圈子里面形成良好的口碑，而口碑将会迅速地被传播，被行业内的潜在客户知晓和认可，这就是销售冠军和普通销售人员之间最大的区别。销售冠军一且在行业内建立起了自己的口碑甚至是个人品牌，自然而然，将会形成一个信息的集散地甚至是枢纽，恭喜你，你的名字将会成为一个金字招牌，客户慕名而来。

客户优选——潜在成交客户分类和筛选

销售人员的最大天敌不是客户，也不是竞争对手，而是时间；如何提升销售人员在单位时间的产出，是每一个销售管理人员永恒的追求和难题。

——俞赛前

据笔者通过实际的统计表明，作为一名销售人员，大约80%的时间都是用在意向客户筛选的工作上。虽然每天能打几百通电话，但是电话有效率不足5%，这就像大海捞针，概率极低，而且找到一个意向客户会浪费大量的时间、人力、精力，效果不好的时候还会导致销售人员的挫败感，久而久之容易影响销售人员的斗志，工作效率变得更低。

聪明的销售管理者会一直想办法解决这个问题。在这里涉及一个销售管理者必须面对的问题——如何让销售人员的时间成本投入产出（ROI）最大化？而精准地筛选有效客户，就是其破解之道。如何进行精准客户的有效筛选？可以分以下三步：

第一，确定底线标准。

第二，严格时间维度。

第三，尽快确定付费意愿和能力。

接下来，我们对这三步进行详细的阐述和举例说明。

底线标准

底线的标准即是和非的问题，也就是一个0或者1的问题。如果不符合，则直接不定义为客户，尽早放弃。在日常实际的操作过程中，如何设立底线标准，是一个非常具有价值含量的销售实践。我们需要有方法论和实践工具帮助销售人员进行判断。确定底线标准的方法论有以下几个方面。

1. 规律性，在不确定性中寻找确定因素

众所周知，人是企业最重要的资产，而员工的选、育、用、留是一件非常消耗管理者资源和时间的工作。笔者之前工作过的阿里巴巴公司却设计了一种非常简单且实用的人才盘点方法。

我们依据业绩和价值观两个维度，将所有的员工分为四类，分别是：STAR、野狗、老黄牛和小白兔。STAR是指价值观得

分较高且有业绩的员工，野狗是指有业绩而价值观得分较低的员工，老黄牛是业绩差但任劳任怨的员工，小白兔是指业绩和价值观都较低的员工。

阿里每季度都会对员工的价值观和业绩进行评分，然后将员工进行四象限的分类，由政委牵头，联合员工的直接上级和间接上级进行充分讨论，哪些员工该被淘汰，哪些该被换岗，哪些该被降级。这种方式，确保了整个组织资源投入产出的最大化，也同时保持了组织的活力和人才的留用。

2. 基本性，从差异性中寻找基本共性

万事万物，求的是共性而不是差异性，即从本质上去寻找这些事物的根本性，这就是所谓的规律性和基本性。如滴滴出行，滴滴出行提供的服务包括快车、出租车、单车、礼橙专车、顺风车、公交、豪华车和代驾等，看似毫不相关的产品和服务中，究其本质，滴滴出行提供的是一站式出行的解决方案。在这个案例中，快车和出租车等不同服务是差异性，而出行服务是共性。

3. 有序性，从无序中找出有序

世界有很多的不确定性、不重复性、不可预测性。这种现象，我们称为"混沌效应"，体现了世界的无序。比如此次新冠肺炎疫情的大暴发，传播速度如此之迅猛，对人体的破坏性如

此之严重。那么究竟病毒的来源是哪里，病毒的内部生长机制是什么，传播的途径是什么……至今，仍然存在很多未确定的疑点和待攻克的科学难题，但是人可以通过飞沫传染人，可以通过对血清和蛋白的检测以及病毒核酸检测阴性，常规化验检验无明显异常来确定康复标准，这就是在无序中确定的有序。

遵从规律性、基本性和有序性三个维度来设立客户判断标准的底线。以笔者之前工作的百事可乐公司寻找经销商的标准为例，规律性：必须有饮料或食品代理经验且有覆盖地市一级的渠道辐射能力；基本性：资金充足，有3～6个月的流动资金，配送团队和自己的物流仓储基地；有序性：潜在经销商有扩大生意经营范围的意愿，有资金、配送和渠道铺货能力，且愿意接受百事国际的操作标准及流程。

严格时间维度

销售团队的业绩考核基本上以月度为标准，长周期可能是以季度为标准，所以不能在本月或季度签单收款的客户，可以保留但是不必要重点跟进。

笔者认为，销售人员的最大天敌，不是客户，也不是竞争对手，而是时间；如何提升销售人员在单位时间的产出，是每一个销售管理人员永恒的追求和难题。在以月度为考核目标的销售实践中，我们一定要严格按照客户可以签单的时间先后进行排序，排序的逻辑在于对潜在客户跟进的先后，资源投入的分配机制和上级的配合机制三方联动，这样就将每一个销售人员的工作规划完全按照潜在客户的获得性进行了排序，相当于月初就定下了销售目标和工作计划，便于销售预测和高级销售管理人员的跟进和团队业绩目标的达成，也就组成了一连串的施工图。

时间维度确定的唯一标准是以业绩的考核周期为标准，这是最简单直接且有效的方式。筛选客户的时间维度的方法和步骤如下。

明确询问客户的成交时间，可以运用假设成交法，逼定客户，让客户自己拿出具体的时间表。具体的话术运用如下：

"张总，如果您提的需求，我们都能够满足，而且价格也非常合理，什么时候可以签订合同并付款？"

如果客户的答复是清晰而且明确的，这个时候，可以界定为 A 类或者可以马上成交的客户；如果客户给出的答复是模棱两可甚至是逃避话题，则需要有跟进的问题话术：

"张总，我看您对合同的签订时间犹豫不决，是什么原因可以告诉我，我们一起来解决，好吗？"

这样一来，就是希望通过提问式销售法，诱导客户拿出具体的反对意见或者异议，也便于下一步制订明确的计划来继续跟进这个潜在客户。

尽快确定付费意愿和能力

客户是否具备付费的意愿十分重要，如果能够及早判断客户是否只是希望享受免费服务，则可以尽早决定是否放弃。付费能力是指客户是否有签单即付款的能力和意愿。潜在客户的付费意愿和能力是客户筛选的第三关，也是最后一关和最重要的一关，之所以说是最重要的一关，理由如下。

即使客户的标准和时间维度很清晰了，但是无法付费，结果还是无法成交，只会造成销售人员时间和公司资源的大大浪费，尤其是对销售人员的信心是一个沉重的打击，因为在前期的客户跟进过程中，花费了大量的时间和资源，造成了沉没成本，而沉没成本是无法追回的。

确定客户付费意愿和能力可以用单刀直入法。切记不可以遮遮掩掩为签单开不了口，为要钱开不了口，市面上很多的销售知识都教导销售人员脸皮要厚，企图心要强，话糙理不糙，确有其事。因为作为一名优秀的销售人员，要对自己的公司、自己的产品或服务有足够的信心，相信能够给客户解决痛点和带来价值，我们是来帮助客户解决问题、帮助客户收获成功的，销售只是一种价值交换的策略。

在确定客户的付费能力上，有一个小技巧需要销售人员时刻关注，那就是客户对价格的敏感度。说白了，就是客户总觉得价格过于昂贵，或者担心因为信息不够透明，受到欺骗或者损失，这是一种消费者常见的心理。

用同理心试想一下，我们自己作为消费者又何尝不是如此？所以要理解客户的心理状态，并且对此有充分的准备，充分的准备包括专业的说辞，甚至折扣或者赠送服务的准备。与此同时，要对市场上的竞争环境有充分的了解，比如竞争对手的产品或者服务的差异及价格的差异，做到知己知彼。当遇到类似的客户和同样的问题，做到应付自如，而不是手忙脚乱不知如何处理，这个关键的时候，很容易丢失客户。

以笔者曾经服务过的商办领域的租赁和买卖业务为例，我们的底线标准很明确，当月必须使用新办公室的为 A 类客户，次月必须使用新办公室的为 B 类客户，那么时间维度就是底线标准，否则我们不会列入 A 类客户，或者仅仅是保持联系。只有这样硬性规定，才会引导经纪人按照时间维度这个底线标准主动去寻找和筛选客户，否则经纪人和销售团队的业绩无法完成。

当然，每家公司由于提供的产品和服务不同，直接导致了客户的类型不同，客户类型的不同会带来连锁反应，最明显的就是客户分级标准不一致，这就需要公司和销售管理人员充分考虑业务模式和客户类型，总结客户行为并严格划分客户等级的标准。回溯到实际的销售工作中，如果精准客户的筛选标准一旦确定，销售人员的水平高低将会体现在如何去尽快判定客户的实际情况，并且得到准确的信息，这就是销售人员的水平高低的边界。

客户预约——销售冠军的制胜秘籍

记住，你的第一次电话不是销售产品或服务，更不是为了共同讨论产品或服务，而仅仅是为了获取十分钟面对面的机会；不要讨论别的事情，只是为了讨论这次会面。

——俞赛前

在日常的销售实践中，90% 的业绩达不到是因为销售人员约不到客户联络人或者关键决策人（KP：Key Person）；而客户预约是每一次销售实践活动的开端，没有开始，就没有过程，结果更是无从谈起。既然客户预约如此之重要，那么如何突破并且找到一个可复制的方法就尤为重要。

客户预约，是每一个销售人员的生死线。快速找到自己想找的人是一种特殊的技能，这种技能是这个时代和销售人员的刚需。

一分钟快速找到关键人

案例分享：如何在十分钟内找到某设计研究院院长的联系方式并且让他主动联系你！

这个小技巧很简单，我搜索了这个设计研究院的微博，然后阅读了这个微博的所有文章，通过他们公开的报道，得知设计研究院分管业务的领导姓名，然后在微博里面留言，内容是：我是一个设计公司负责人，有一个重要的工程业务需要专业人士的指导，请联系我（我留下了电话号码，附上名片，简单直接）。

结果第二天，这个设计研究院负责人主动联系我，并且邀请我去设计研究院和分管领导面谈，成功！这个里面有一个诱饵是此事成功的最大秘诀，那就是：有一个重要的工程业务需要专业人士的指导，这是一个价值选项，也就是说客户认为你有价值也可以给他带来价值，所以他才会主动地联系你。在日常的销售过程中，双方的价值是共识的基础，否则只是商务场合的轻微应酬而已。

日常的销售实践中，寻找潜在客户如此之重要，那么是否有可以借鉴的方法？下面与大家分享四种有效的方法。

1. 企业工商注册信息

作为一家正规的企业或者是实体公司，一定有其注册信息和工商信息，工商信息包括法定代表人、成立日期、登记状态、注册资本、企业类型、参保人数、人员规模、所属行业、经营范围、企业地址、登记机关、股东结构和主要人员等，企业的工商注册信息可以通过企查查、天眼查、启信宝、百度企业信用和国家企业信息公示系统等公开的平台进行查询；在查找企业的工商注册信息中，大家一定要购买会员，缴纳相应的会费，只有成为会员之后，才会有更多更详细和更有价值的信息。其中有四个突破口大家要特别留意。

第一，企业法定代表人和联系方式。企业的法定代表人就是企业老板、发起人或者重要合作伙伴，非常大概率的关键决策人之一。

第二，股东信息。股东信息就是出资人信息，这是企业的核心管理人员或者是出资人。

第三，主要人员。一般在企业的工商注册信息中，主要人员主要是指高级管理人员甚至就是决策层，对公司的大小事务都有管理和决策的权限。

第四，他关联的企业。他关联的企业是指股东或者主要人员还在其他企业中任股东、投资人或者重要职位。

这四个突破口是所有销售人员找关键决策人的最佳途径。

2.企业官方宣传渠道

就如笔者在上面的案例中拜访某设计研究院的分管领导用的方式，由于企业目前面临的竞争环境不断恶化，也推动企业在花大力气建立自己的品牌知名度和美誉度，因此企业也会大肆地推广。最常见的推广方式：官网、官方微博和企业公众号。而在这些公开的平台上，企业一定会公布一些最新的销售、企业的文化价值观、企业的架构、管理团队和企业大事记，鉴于企业都会将最新最正确的信息发布在权威的媒介上，所以这里无疑展示的是最正确的信息。在企业的官方网站中寻找关键决策人的信息从两点入手。

第一，企业的组织架构，创始人团队甚至是领导分工中，部分企业会列出企业的主要管理人员名单及其所在部门和负责的板块，比如是人力资源还是财务，负责销售还是采购，都非常清晰。

第二，企业大事记或者企业动态，在这两个企业对外宣传的部分，肯定会披露一些对于企业而言非常重要的事项或者是动态，而仔细阅读其中的内容，你就会发现很多关键信息隐身其中。比如：

3月9日，国内领先的IT办公设备运营商××U租杭州分公司正式开业，这是××U租继北京、上海、广州、深圳、武汉、成都、南京、厦门之后成立的第九家分公司，标志着××U租在智慧办公领域得到进一步的扩展，并加快推动全国的战略布局。××U租创始人、CEO×××介绍，作为中国互联网重镇，杭州不仅拥有阿里、网易等互联网巨头，且中小型互联网公司基数庞大，为租赁企业的发展提供了肥沃的土壤，对于××U租来说，杭州是一个举足轻重的战场。

××U租杭州分公司的成立是××U租发展道路上重要的一环，公司将立足于杭州的市场特点结合业务本身，为客户提供更优质、更完善的智慧办公服务，赋能企业轻松办公，打造智慧办公领域行业标杆。××U租销售副总裁××表示，九家分公司的协同发展，将进一步夯实公司全国业务拓展的基础。杭州分公司将坚持走以客户为导向，价值赋能的成长之路，为客户提供高效、高质的解决方案，引领国内T设备租赁的发展方向。

在这个案例中，凸显了很多非常有价值的信息，很多为企业客户提供服务的供应商势必嗅到了很多的商机。

3.企业线上招聘渠道或百度百科

时至今日，每一个企业的成长都离不开团队的扩张和人员的更替，每一个企业都需要招兵买马，因此线上的招聘平台就成了企业招聘新员工的一条有效的渠道。在企业的招聘广告中，可以清晰地查看企业的所属行业名称、简介及规模，也可以查询企业负责人的联系方式，比如电子邮箱、即时沟通工具和总部电话，所有一切销售人员想要的信息都清晰可见。无论你是想找哪一类型的人，甚至是想见到老板，一切皆有可能。

在线上招聘平台上，无论是BOSS直聘、找销售还是58同城，有一个最大的好消息，那就是，你总能在这里找到一个人，而这个人有可能是招聘专员、招聘负责人甚至是老板，这是一个至关重要的信息，更为有利的是你可以直接和对方取得联系，而且名正言顺。

接下来，需要做的是精心设计说辞，借助说辞这个强有力的跳板和武器，争取获得你想要的信息。有两种可靠的方式，比如BOSS直聘、找销售小程序和58同城可以通过站内的即时通信系统直接和对方联系；另外一种方式是以邮件的形式和对方取得联系；再加上企业的办公地址信息，这三个重要的信息，是确保可以直达关键决策人的桥梁。

4. 直接上门拜访

直接上门拜访即所谓的陌生拜访（简称陌拜或扫楼），销售人员通过企业的公开信息或者其他渠道获得了企业办公场所所在地，不经过预约直接上门的拜访方式。首先，陌生拜访只是一种寻找客户的方式，这种拜访由于受访客户的不确定性，所以成功率比较低，而且耗费大量的时间资源，不建议进行大规模推广。其次，陌生拜访只能作为一种训练手段，训练销售人员尤其是菜鸟级别的销售人员的胆量和熟悉真实客户的场景而已。

当然，我们也不能完全排除和摒弃这种拜访的方式，毕竟陌生拜访也有其可用之处。在陌生拜访的销售实践中，我们遇到的第一个问题是：如何通过前台或者接待人员获取你所需要的信息，甚至是关键决策人的信息？在这里我就不一一赘述了，前阿里巴巴销售冠军贺学友先生在其《销售冠军是如何炼成的》第五章客户拜访中"成功预约客户的六大绝招"中有详细具体的方法论。

设计预约说辞

销售是一种创造性的行为。如果一个客户对你提供的解决方案没有好奇心，你是无法成功获得他的时间和注意力的；成功吸引客户参与有效的销售会谈的关键在于激发他们的好奇心。怀有好奇心的客户会选择参与，反之则不然。

激发客户的好奇心是开启客户见面模式的第一步，也是促使客户进一步了解你所提供的产品或服务的"火花"。通过本章的介绍，你将会了解到如何利用好奇心获得客户更多的时间和注意力。好奇心是开启邀约和销售大门的钥匙，问题是客户因为什么而好奇呢？

下面给大家介绍五种激发好奇心的策略，以提升大家预约客户的成功率。

1. 牧场原理

（1）牛群运动与牧群理论

相信大家都见过一个这样的场面：蓝天白云下，广袤无际绿油油的大草原上，牛群总是倾向于朝同一个方向走动。这是为什么呢？你很奇怪，百思不得其解，于是你找到一头牛，问道："打扰一下，我想知道为什么你朝那个方向走？"你们猜，这头牛会怎么回答？现在，让我也来问问你，如果你就是那头牛，你会怎么回答？我百分之百肯定你的答案与全世界的人一样——全都异口同声地说："我也不知道，因为别的牛都往那儿走，我是跟着它们一起走的。"

人是社会型生物，态度和行为必然会受到周围人倾向或态度的影响。让我们看一下电视、互联网、电梯，甚至地铁站铺天盖地的商业广告，只要打开电视，你就会看到各种各样的广告，不断地告诉你其他人有怎样的趋向，得到了哪些好处，从而刺激潜在客户的购买欲望。

（2）群体趋同影响客户

潜在客户仅仅根据某个参考人物的做法就做出决策比较勉强，尤其是商业广告中的权威人士。某品牌的牙膏广告就是一个典型性的案例，它邀请中华医学会权威的专家，告诉潜在消费者，刷牙的正确方式和频率以及灭菌的效果，非常巧妙地利用了人们相信专家相信权威的心理，教给潜在消费者正确的认知，从而产生商品的购买行为。

简而言之，如果周围所有人都有某种定向趋势，客户肯定会受到影响。这其中的原因也许是趋同带来了安全感，客户感到可以从大家的成功中获益，从失败中接受教训。充分利用这种群体趋同技巧，销售人员可以使潜在客户感到是自己主导了购买决策程序，从而获得感情上的满足。牧群理论的趋同要比个人的意见或建议重要得多；这种策略与传统的案例参考销售不同。传统方式要求销售员用成功案例告诉客户："因为其他客户已经采用了我们的解决方案，所以你也应该采用。"这是一种推动策略，试图鼓励、怂恿，最终推动客户达到令自己满意的结果。

举例来说，当你到达一个新城市，寻找当地的美食，最好的方式是通过大众点评上面其他客户的评价来决定。如果你综合现场的实际情况，比如在就餐时间看一看餐厅外面排队的队伍长短就可以验证大众点评的准确性了，队伍越长，餐厅就越好。

"牧群理论"还能激起客户的好奇心，促使他们想要知道更多。如果你的产品或服务在市场上产生了极大的影响，潜在客户一定想知道究竟是为什么。所有的羊群都要吃草，羊最多的地方，势必是水草丰茂之地，而羊是群居动物。

邀约说辞举例：

"朱老板，我是某某公司的×××，我打电话来是因为我没有收到贵公司参加会议的确认邮件；我想要确认一下，是否因为我们的工作失误而遗漏了您，因为同行的×××公司都会来参加此次交流会。"

2. 猜猜怎么样了

其实，激发潜在客户的好奇心并不难，销售实践中，最简便的方法就是问："猜猜怎么样了？"差不多每一个听到这话的潜在客户，都会立刻停止手中的工作说："你倒是说啊，最后到底怎么样了？"或者说："我可以问你一个问题吗？"效果是一样的。你可以自己检验一下，只需走过去对你见到的人说："我能问你一个问题吗？"人们马上就会停下来，因为他们比较好奇到底你要问什么。

上述两个问题都可以创造一个神秘的氛围。前面已经解释过，你必须首先捕获客户的时间和注意力，以便陈述产品或服务的价值，这在销售流程模式中被称为创造销售氛围。大的销售是由一个个小的成功累积起来的，如果你能创造出神秘氛围，就有机会把它发展成为销售机会。我想强调的是，激发人们的好奇心不是一种操纵策略。销售人员要学会并熟练设置一个场景，并描述整个过程，但是保留最后的悬念。

邀约说辞举例：

"朱老板，我是某某公司的×××，上次我在北京沟通了一家公司，和您是同行，他们老总还提到了您，您猜猜他说了什么，后来怎么样了？"

3. 创造联想

联络潜在客户有一种特殊的方法：寻找尽可能多的相关性联想。什么是相关性联想？它的意思是与你的目标客户创造的一种关联，使你有机会和理由会见主要的决策者并与之对话，实际上，相关性联想创造出一种氛围使得决策者好奇并希望进一步了解和参与。设置一个求助型的场景，希望以当面的方式请教。

邀约说辞举例：

"朱老板，我是某某公司的×××，我遇到了一个技术难题，实在是难倒我了，我请教了很多业内人士，他们居然一致推荐我向您请教，不知道，您是否有10分钟的时间，见面指导一下。"

4. 新奇特

新事物总是让人兴奋，让人期待，人人都想一睹为快，更加重要的是，他们不想被排除在外，当成边缘人，这就可以解释为什么人们对于新产品信息和即将发布的公告信息总是那么"贪得无厌"。所以我们也可以利用这一点来吸引客户的好奇心。这是很多公司在做新品发布的时候，经常采用的策略。

比如，新品发布会倒计时，然后通过各种渠道和媒体对外发布；如果你的新产品发布的确与客户的业务相关，"提前"了解当然是至关重要的，你还可以告诉客户你要限制参与的客户数量并签订保密协议，从而使你的信息更加具有独特性和神秘感。在销售刚开始的时候，我们必须首先获得客户一定时间的注意力。

接下来，做什么来引起客户进一步的兴趣将会决定销售程序是继续发展还是就此止步。我们应向客户提供潜在的价值，从而引起客户的注意。

邀约说辞举例：

"朱老板，我是某某公司的×××，我们优化了一下算法，在目前服务的老客户中进行了测试，发现居然可以节约成本50%并且提升获客2倍，关键是价格只有原来的三分之一，这么好的机会，我想亲自上门给您演示一下，只需要您10分钟时间，不知可否？"

5. 客户回馈式预约

"亲爱的，宝贝收到了吗？满意的话给我们一个好评吧，附上产品实物图片询问客服可领取好评福利哦——限时打折活动 ×××。"

以上是店铺在客户确认收货后未收到客户评价时要给客户发送的邀请好评模板，如果你收到这样的消息，你会回复吗？因此，我们可以提供一定的利益或者客户回馈礼包作为敲门砖。

邀约说辞举例：

"朱老板，我是某某公司的 ×××，公司20周年庆典，我们精心为老客户提供了一套馈赠的方案作为答谢，希望能够当面转交。"

客户预约不仅仅是一门实践性极强的学科，也是一个非常具有创造性和挑战性的销售策略，与此同时，销售人员应该充分利用和引导客户心理，争取想客户之所想，说客户想听之话，提升客户预约的成功率。

客户需求分类——知己知彼百战百胜

如果我当年去问客户他们想要什么，他们肯定会告诉我，一匹更快的马。

——亨利·福特

小组团队设计产品真的很难。很多时候，人们不知道他们想要什么，直到你展示给他们。

——乔布斯

客户购买决策是客户为获取和使用各种行动的总和，包括先于且决定购买行动的决策过程。客户购买行为由两个部分构成：一是客户的购买决策过程。购买决策是在获取和使用购买的产品和服务之前的心理活动和行为倾向，属于购买决策形成的前期过程。二是客户在行动过程中的购买决策实践过程。

与此同时，影响客户行为心理的因素有：需要与动机、知觉、学习与记忆、态度、个性、自我概念与生活方式。这些因素不仅影响和在某种程度上决定客户的购买决策行为，而且它们对外部环境与营销刺激的影响起放大或抑制作用。

需求转化为动机或欲望。需求是人们对于某种事物的要求或欲望，就消费者而言，需求表现为获取各种物质需要和精神需要。马斯洛的"需要五层次"理论包括生理需要、安全需要、社会需要、尊重需要和自我实现的需要。需要产生动机，消费者购买动机是消费者内在需要与外界刺激相结合使主体产生一种动力而形成的。动机是为了使个人需要满足的一种驱动和冲动。消费者购买动机是指消费者为了满足某种需要，产生购买商品的欲望和意念。购买动机可分为两类。

1. 生理性购买动机

生理性购买动机指由人们因生理需要而产生的购买动机，包括如下几个方面：

- 维持生命动机；

- 保护生命动机；

- 延续和发展生命的动机。

生理动机具有经常性、习惯性和稳定性的特点。由生理性因素引起的购买动机，是消费者本能的、最能促成购买的内在驱动力，其购买的商品也是生活必需品，需求弹性比较小，一般应该比较明显稳定，具有经常性、普遍性、重复性、习惯性和主导性等特点。举例说明：日常的柴米油盐纸巾就是这种消费的典型性代表。

2. 心理性购买动机

心理性购买动机是指人们由于心理需要而产生的购买动机。根据对人们心理活动的认识，以及对情感、意志等心理活动过程的研究，可将心理动机归纳为以下三类。

情感动机：指由于个人的情绪和情感心理方面的因素而引起的购买动机。根据感情不同的侧重点，求新、求奇、求特和求"跪舔"是目前情感动机消费带来的典型性特征。

理智动机：指建立在对商品的客观认识的基础上，经过充分的分析比较后产生的购买动机。理智动机具有客观性、周密性的特点。在购买中表现为对基本功能的追求，比如衣服的避寒和遮羞功能，比如面条、饺子和米饭的温饱功能。

偏好动机：指对特定的商品或特定的商店产生特殊的信任和偏好而形成的习惯重复光顾的购买动机。这种动机具有经常性和习惯性特点，表现为嗜好心理。典型性的消费场景包括咖啡类产品。

据此，我们以客户需求维度将客户需求分为以下三类。

第一类，基本型需求。

亦称为必备型需求，是客户对企业提供的产品或服务因素的基本需求，是顾客认为产品必须有的功能或属性。当其特性不充足（不能满足或及时满足客户需求）时，顾客很满意；当特性充足（及时满足客户需求）时，客户也可能不会因此而表现满意。例如：空调的主要功能是制冷或制热，如正常运行，客户不会因此而满意；反之，一旦出现不能制冷或者制热的问题，满意度水平则急剧降低。

第二类，反向型需求。

> 很多时候，客户连自己都不知道他自己想要什么。只有当你将产品放在他面前，他才会恍然大悟。哦，你们怎么知道啊，这才是我想要的。太 Cool 了，比如 iPhone12 ！
>
> ——俞赛前

反向型需求亦称逆向性需求，指强烈不满的功能及质量特性而导致的低水平满意度，因此并非所有的消费者都有相似爱好。例如：智能手机，年轻人使用最多的场景是看视频、拍照、玩游戏和使用微信进行联络，所以对内存、运行速度、画面质量、跑分和音质有了更高的需求，而老年人使用的手机与年轻人的智能手机相比，老年人的功能应该更加简单，画面更加简洁，字体和声音足够大，而不是大量无用功能的堆砌。

第三类，魅力型需求。

此需求亦称兴奋型需求，指不会被顾客过分期望的需求，随着满足程度的增加，顾客的满意度随之大幅度提升；反之，在无法满足时，顾客也不会因此表现出明显的不满意。例如：2019年12月月度鞋王归属于全明星配色韦德之道 WOW 7 "The Moment"，全球限量232双，黄金码市价在人民币10000元左右；超级火爆的 AJ，空军一号马卡龙和"毒"APP，以铺天盖地之势席卷了整个年轻人的圈子，前有"割肾"买最新 iPhone，后有千金难求限量款 AJ，简直是火出了天际。

而如今潮流消费的主力军90后，彼时正处于荷尔蒙分泌最旺盛的青春期。作为最广泛流行且最有"异性缘"的运动，篮球运动在中学生的课余和社交生活中扮演着重要角色，加上大多数中学实行统一校服制，以及东方审美文化对奇装异服的排斥心理，球鞋便成为这些青少年唯一可供发挥的穿着。

就这样，随着球鞋文化被越来越多的年轻人追捧，对于球鞋，特别是限量款球鞋的需求越来越膨胀。垂直细分领域的专业度是刺激男性购买力的关键因素，以"球鞋"这一单点迅速打透潮牌市场，规模和名气在同类 APP 中便会以惊人的速度野蛮膨胀。

关键决策人攻略

销售土话中的 KP 英文全称是 Key Person，直译过来就是关键人的意思，请注意是关键人，而不是决策人。我认为这两者之间的区别在于决策人未必是销售关键人，但是销售关键人是包含决策人的。销售关键人的含义是这个人对销售的结果能起到关键性和决定性的作用。

依据对关键人的个性特质进行分类和总结后，总体而言有以下四类决策类型。

1. 理性型

这种类型的关键人崇尚理性分析和逻辑推理，在决策之前，需要收集尽可能全面的信息，例如公司股东信息、公司信用资质、官方的认证、产品和服务价格、售后服务和其他使用者的反馈、销售人员的信用度和专业度等，往往在系统收集足够的供应商和环境信息基础上，并且完整评估公司对产品或服务的需求紧急程度，综合权衡各个选项的利弊得失，甚至会进行多家供应商的比较，按部就班推理出最佳、最安全、最具有性价比的决定。

■ **人格及心理分析**：很少显露情绪、内心极为敏感、孤独、空虚、害怕失去控制、脆弱；注重安全性，按部就班地推理出让自己心安理得的决定，忽视自己和他人的感受，他的生存取决于别人佩服我理性的能力，情感是多余和危险的，必须用理性来克制自己和别人的感受。

■ **行为表现**：僵化的原则性的行为，理性化的行动，冷淡的、严肃而高人一等的神情，操纵、不灵活、非理性的客观。客观的、富有逻辑的言语，抽象的想法、冗长的解释，避开有关个人的或情绪上的话题。低自我价值、缺乏自信、远离自我、感到缺乏控制、与自己的感受隔离。

■ **进攻技巧**：总体的思路和框架是，主动提供所有关键人决策所需的所有信息，并且实事求是地将公司、你个人、客户的评价，甚至竞争对手的全面信息和盘托出，且抱着请教的心态来面对关键人；在整个销售的过程中，必须保持言行一致，绝对不可以过度承诺或者夸夸其谈。天外飞仙的一招：如果事成，则皆大欢喜；如果销售未达成或者被竞争对手抢走，请保持平常心和请教的态度，主动倾听关键人的教诲，如果不出意外，你已经获得了他的信任，接下来他会认可你，并以他的方式（比如转介绍客户）奖励你。

2. 直觉型

这种类型是以自己在特定的情景中的感受或者情绪反应，直接做出决定。这种风格的人做决定全凭感觉，比较冲动，很少能系统地收集相关信息，但他们能为自己做出的抉择负责。

■ **人格及心理分析**：偏执、喜欢做白日梦，观点新颖但离奇，甚至有超感知觉的能力；很少为人理解，但不为此烦恼；多半以梦境来指导生活。直觉内倾型者性格内向、孤僻，过于关注自己的内心体验。

■ **行为表现**：表现为冷漠、寡言、不喜社交。但此类人只是在行为上表现出内倾占优势，其潜意识中，外倾会起补偿作用。内倾型者在特殊情况下也会表现为外倾，如在轻松愉快的氛围中，有时会不自觉地变得开朗热情，善交往。若内倾趋于极端，潜意识中的外倾会受到过度压抑而丧失其原来的补偿特征，表现出与意识态度公开对立，产生神经症。

■ **进攻技巧**：总体思路和框架是只需要提供决策的框架和关键的决策信息即可，适可而止，与此同时，寻找与关键人的相似性和类同，尤其在观念和思维上，要保持高度的同一性甚至一致性，通过这种方式建立信任感，签单和收款自然来，但是切不可操之过急，甚至跳出来进行逼单，这样只会事与愿违一事无成。当然，在面对这些客户的时候，千万要注意留意观察他们的情绪表现，往往时机是你最大的机会。

■ **案例**：之前笔者在从事互联网大健康事业的时候，为了尽快推广远程视频健康监控体系（包含硬件、软件、平台、保健师、配方系统、审方系统和保健品配送系统等），开展了代理渠道业务，天津南开区一位从事了20年保健品的供应商主动找到我，希望和我们合作。他们的优势是熟悉整个天津市的保健品营销渠道和有自己的终端门店，对我们的业务也非常看好，加之政策向好而且也正是保健品行业线下互联网化的机会，但是他一开口就需要整个天津和河北两个地的代理权。我们也希望和他们合作，但是他没有河北的资源，他的回复是医疗体系是一体化的，可以马上进行商务拓展BD。基于业务的需要和客户的实力，我们同意开放天津和河北渠道代理权给他，但是我们约定了一个时间和业绩要求，如果在规定的时间内达不到业绩要求，我们会收回河北的代理权限。

3. 依赖型

这种类型的人常常是等待或者依赖他人为自己收集信息做出决定，比较被动和顺从，做选择时十分注重他人的意见和期望。他们以社会赞许、社会评价和社会规范作为做决定的标准。

■ **人格及心理分析**：表现为缺乏独立性，感到自己无助、无能和缺乏精力，担心被人遗弃。将自己的需求依附于别人，过分顺从于别人的意志。要求和容忍他人安排自己的生活，当亲密关系终结时则有被毁灭和无助的体验，有一种将责任推给他人来对付逆境的倾向。

■ **行为表现**：表现为请求或愿意他人为自己生活中大多数重要事情做决定；将自己的需求附属于所依赖的人，过分顺从他人的意志；宁愿放弃自己的个人趣味、人生观，只要他能找到一座靠山，时刻得到别人对他的温情就心满意足了；不愿意对所依赖的人提出要求，即使是合理的要求，也处处委曲求全；由于过分害怕不能照顾自己，在独处时总感到不舒服或无助；沉陷于被关系亲密的人所抛弃的恐惧之中，害怕孤立无援；没有别人过分的建议和保证时做出日常决定的能力很有限，总把自己看作无依无靠、无能的、缺乏精力的。

■ **进攻技巧**：总体的策略和框架首先是保持紧密的联系，随叫随到；其次，尽早准备所有与决策相关的信息，信息的全面性和完整性最重要，没必要主动提供决策所需信息，而是静候召唤；最后，需要动用一切资源接触可能影响关键人的其他同事，并且将提供给关键人的资料和信息也主动分发给其他人，确保关键人和关键人周围的人收到信息都是一致甚至是相同的。如何逼单？用资源稀缺性逼单，因为他们担心因自己的犹豫不决失去，所以要不断地刺激来唤醒关键人的决策意识。

4. 自发驱动型

此类型以渴望即刻、尽快完成决策为特征。

自发驱动型的个体往往不能够容忍决策的不确定性以及由此带来的焦虑情绪，是一种具有强烈即时性，并对快速做决策的过程有兴趣的决策风格。自发驱动型决策者常会基于一时的冲动，在缺乏深思熟虑的情况下做出决策，此类决策者通常会给人果断或过于冲动的感觉。

■ **人格及心理分析**：喜欢追逐成就，但通常都是追逐可向人显示、受人认同的成就，对那种默默无名的成就通常兴趣不浓，做的事如果有人关注欣赏、认同、表彰就会动力十足，对独自做又没人欣赏的事没多大动力。目标感很强，当有明确的目标时，做事迅速讲求效率，会全神贯注于目标上不停地行动，多数都能达成目标，没目标就没动力，当达成一个目标后，常会感到失落不快，缺乏冲劲，只有找到新目标，又会精神抖擞。有目标永不言倦，有自信才会去做，不会冒大险，明知成功机会不高，多数不去尝试，会做可以预见有把握的事，属稳中求胜型！

■ **行为表现**：精力充沛，总是动力过人，且有很强的争胜欲望。喜欢接受挑战，会将自己的价值与成就连成一线。自发驱动型的人会全心全意去追求一个目标，因为他相信"天下没有不可能的事"。动力十足，看重自己的表现和成就。基本恐惧：没有成就，一事无成。只关注事物积极的方面，不理会消极负面的信息，在真正自我和工作角色之间会产生困惑。能够通过集合思维的方式集中注意力，通过多渠道来寻找问题的答案。能够下意识地调整自我形象，以为调整后的形象就是个人的真我。

■ **进攻技巧**：总体的框架和策略首先是提供决策框架及核心决策信息；其次用资源的稀缺性和同行类比法，有时候要牺牲一点价格空间或者用其他增值服务来替代，与此同时，一定要让此类关键人有掌控感和征服感，并且认可其决策速度和质量。

关键人物量表

关键人是培养情景知识的起点，这份量表可以帮助识别、关联和利用客户公司中关键人物的痛苦；这份量表也同样列出了那些有权影响或直接做出购买决策人的痛苦。在考虑拜访谁，该准备些什么，该访谈些什么，关键人的表现作用不可估量，并且关键人能够提供指导性的决策建议，是销售流程中决定性的角色。

建立关键决策人的工作分为四部分：

①画出客户所在公司的组织架构图和决策流程图；

②找出客户所在公司中的关键决策人物（并且列出职位和汇报关系）；

③找出每位关键决策人所面临的痛苦或可能的重要业务问题；

④确定关键人物量表之后，便可以将每位关键人物的痛苦

关联起来。

关键人物（职位）	可能的痛苦
首席执行官 CEO	没有达到投资人或股东的期望
	股票价格下滑
	现金流、毛利率或管理费用控制不力
首席运营官 COO	运营费用增加
	利润率下降
	人均生产力无法达成
首席财务官CFO	现金流下滑
	投资回报率 roi 或资产回报率 roa 下降
	利润下降
销售副总裁 SVP	无法实现销售目标、新客户增长目标
	无法精准预测销售收入
	拓展费用增加且客户满意度下降

涉及多个参与者的策略性决策

小订单或者是价值较低购买决策往往由一个人就可以决定。比如，当购买的是日常消费品或者低值易耗品，购买者很少会征求其他人的意见来进行购买决策。但是当你向大客户销售高端的解决方案或者是企业客户时，情况就完全不同了，很少有大的决策是由一个人做出的，策略性的决策往往涉及多个参与者和利益相关者。

我们以商业地产的租赁来举例说明。客户绝大部分都是由办公室的行政人员打过来的第一通咨询电话，商业地产经纪人提供了客户需求的房源信息之后，出来被带看的也是行政人员居多，在带看和对比了真实房源，并且对房源、价格和用房时间等决策性因素有了初步的对比后，得出意向的房源。第二次带看就会加上经理级别的管理层，形成了第二次带看和关键性决策，包括具体的价格和交付时间，这个时候，商业地产经纪人就会和房东进行沟通，告知客户的具体需求。第三次带看，可能就是行政人员、经理和总经理，这个时候就是关键决策人出场，对房源、价格、装修和交付有了清晰的要求，基本上可以形成决策。

与此同时，如果进展顺利，房源各方面的条件也满足客户的需求，房东、经纪人和客户会进行会谈，明确各自的需求和条件，甚至有机会当场签订租赁合同。这是一个典型性的线形采购决策流程，客户方涉及行政人员、经理和总经理，房源方涉及房东或者物业管理公司，经纪人作为中介的第三方来撮合双方的交易。

当涉及多个决策者的时候，把希望单纯地寄托在某个人身上，希望他个人能独立做出购买决策是非常不明智的。相反，我们应该关注影响最终决策的每一个人，包括决策者、影响者、高层支持者、拥护者、情报者和反对者。为了帮助你了解谁是你的潜在客户中最有影响力的人，下面介绍一下在策略性销售中起主要作用的人物。

1. 关键决策者

在销售实践中，我们一开始很难发现谁才是真正购买的决策者。在大部分情况下，与你面谈签合同的人有决定权，用最简洁的术语来说，所争取的新客户的决策者是能够现场拍板决定购买的人。他们本身有授权（或者权力）接受或者拒绝你的解决方案，但是作为销售冠军，你们要非常清楚，他们要对他们所做的决定负责，因此很少是在完全不听取公司内部其他部门或人的意见下真空做出购买决策的，因为大多数决策者都会从其他渠道收集信息。在做决定的时候，他们会受到周围人的态度、偏见和建议的影响。

销售职场：在客户内部，不是每一个人都可以做出购买的决策，但是，许多人却可以使你的销售努力付诸东流。

作为销售冠军，我们都想找到潜在客户中的关键决策者，但是还要去倾听、了解和亲近那些能够影响购买决策结果的人。

2. 重度影响者

影响者是关键决策者尊重、关注并听取意见的人。虽然影响者不是真正的购买决策者，但是毫无疑问，他们会通过提供影响决策的信息来影响销售的过程和结果。这也正是我们称这类人为"影响者"的原因。倾听、了解和认识影响者很重要，因为他们能影响周围其他人的态度，尤其是当决策委员会对建议有一定争议的时候，影响者往往能够争取到其他人的支持而创造强有力的最终决策。

√ 划重点

销售职场：影响者能够影响周围人的态度，创造强有力的最终决策。

我们要谨慎，但是不要天真地认为所有的决策参与者都是最有影响力的，都是可以直接拍板的，以为搞定了决策者就万事大吉，这是策略性销售的致命性失误，且不可挽回。销售员还要清楚的一点是，影响者会在不止一个方面影响最终的结果。如果你的客户情报工作足够仔细，也许喜欢你的产品或服务的影响者会不遗余力地帮助你；但是，不喜欢或者支持其他产品或服务的影响者则会想方设法阻碍你的销售努力。

3. 高层支持者

当采购行为需要由高层管理者做决定的时候，决策者和高层支持者往往就是同一个人。但是对于大公司或者流程来说，他们往往会授权给其他人，因为高层管理者不可能亲自过问每一次购买，多数的授权决定都有一个高层支持者，也许不积极参与详细评估，甚至都不用露面，但是最终做出购买决定的依然还是高层管理者。

高层支持者通常是某个业务或职能模块的负责人，他对待定的决策有着最直接的影响。不事先获得决策者和所有关键影响者的支持就向高层支持者销售是很困难的事情。事实上，高层支持者通常不喜欢从上到下的方式。因为他们信赖下属的勤奋和专业，希望通过他们去发现潜在的选择和做出最佳的解决方案。尽力去发现更多关于高层支持者的信息是非常有价值的，你的解决方案会很容易得到赞同。

4. 内部拥护者

销售冠军应该具备发展内部拥护者的能力。内部拥护者是潜在客户公司内部非常希望应用你所提供的产品或服务的人，他们非常愿意帮助你去争取一个满意的决定。之所以他们有这种诉求，很重要的原因是利益相关，利益相关包括解决方案可以给他们带来工作的便利、效率的提升，解决工作恶的痛点，内部拥护者简直就是你内部的销售员。他们支持你，并且同那些持反对意见的人进行斗争。他们在解决方案上投入了许多感情，在很多时候，他们同销售员一样希望尽快达成销售。

如何培养内部拥护者呢？答案是让他们感觉到你的销售成功就是他们的成功。内部拥护者是那些采用了你的产品就会有所得，不采用你的产品就会有所失的人。对于销售员来说，其窍门就是指出如果采用了你的解决方案谁将会受益。

我们必须牢记，拥戴关系是要培养的。很少有客户参加过销售培训课程。因此，他们更可能需要你的帮助来在内部销售你的解决方案。你必须清楚：内部拥护者想在同事和他的经理面前表现得好些，所以教他们如何有效地定位你的方案是你的重点工作所在。这是你获得多次回报的一笔投资，要让内部拥护者成为你的销售努力的延伸。还有一点就是，拥护者的权力越大，他们对最终的决策结果的影响就越大。

5. 情报贡献者

客户内部有些人会促成你的销售，即使他们并不是解决方案的拥护者或者是指引你向最好的方向前进的人。我们称这些人为情报贡献者。他们所能够做的是提供帮助你实施下一步计划的有价值的信息。行政助理和秘书是最好的情报者，令人惊奇的是，有很多销售人员认为他们是无足轻重的。

相反，你应该想办法与情报者发展关系，因为他们经常可以给你提供帮助，让你更有效驾驭销售的有价值的信息。他们会更了解你的竞争者或者是预算情况。他们也会清楚知道什么时候决策者会回到办公室和下一次员工大会的日程安排。与情报者的关系应该基于信任，因此，你的潜在情报者越信任你，你就越有可能获得更多的信息。

6. 漠不关心者和反对者

在销售过程中还存在这样一种人，他们不是决策者、影响者、高层拥护者、拥护者或情报贡献者，但是我们仍要认识到他们同样很重要。这些人可以分成两类：漠不关心者和不拥护者。

漠不关心者并不是不关心决策的结果。他们要么对购买没有影响，要么是太忙了，根本没有时间再卷入到你的销售方案中。努力同漠不关心者建立关系可能会获得长远的利益，但是在短期内，你应该限制你的时间、努力和资源的投资花在漠不关心者身上。

你必须关注那些反对的人。不论他们是赞成竞争者所提供的方案还是希望维持现状，他们有可能会站出来反对你的解决方案。你要花多少时间在不拥护的人身上呢？有些人想通过努力转变反对者的想法让其觉得他们所提供的解决方案确实更好。通常这样做是不明智的，主要是因为改变他们的投入产出比太低，甚至根本无法做到；如果他们是真正的反对者，正面的交涉只会引起额外的争议和反对。

相反销售冠军尽量通过让他们觉得所有的解决方案都是可行的选择来中和他们的负面影响。他们一旦认同我的解决方案是可行的，我就可以通过内部拥护者来证明我的解决方案是性价比最高的；在与客户接触的过程中，高明的销售人员会将中立者引导为可供选择的所有解决方案都是可行的，事不关己，高高挂起。

在2019年国庆档期上映的反映中国登山队攀登珠穆朗玛峰的电影《攀登者》中，在天气窗口期已经失去的情况下，大家集体讨论是否进行最后一次冲刺登顶的情节中，登山队副总指挥曲松林（张译饰演）依据中央气象局的天气，推断出已经失去了窗口期；杰布（拉旺罗布饰演）是土生土长的西藏人，也是登山队员，基于他长期对天气的观察也提出了反对登山的意见；而气象专家徐缨（章子怡饰演）依据自己团队对喜马拉雅最近15天的气象信息，进行了大胆的推断和预测，天气还有一次三天的窗口期，为此双方争论不休。

此时总指挥赵坤（王景春饰演）指定让登山队队长方五洲（吴京饰演）说说他自己的想法，他只说了一句话："我相信徐缨，因为我相信科学。"这个时候徐缨对方五洲说："如果无法登顶，我们将承担所有责任。"这是一个非常典型的场景，徐缨作为气象专家是情报贡献者和内部拥护者，登山队员杰布是一个反对者，总指挥赵坤是决策者，副总指挥曲松林是高层支持者，最后方五洲作为登山队队长，相信科学并愿意承担责任，视死如归带领团队再次冲刺。此段影片完美演绎了经典的冲突场景和销售说服场景。

第四章

销售冠军的成交模式

自我形象管理——销售成功的第一步

任何人都没有第二次给别人第一印象的机会；不管在哪里和谁一起做什么，我们都应该让自己更美丽更生动，让自己身心愉悦，精神焕发，光芒四射。

——俞赛前

自我表露（self-presentation，也译作自我表现），指我们想要向外在的观众（别人）和内在的观众（自己）展现一种受赞许的形象。我们致力于管理自己营造的形象，我们通过推诿、辩解和道歉等方式来支撑我们的自尊并检验我们的自我形象。

在熟悉的环境里，自我表露并不需要意识参与就能够发生。而在不熟悉的环境里，例如我们想和参加同学会的陌生异性聊天时，我们都能确切意识到我们正在为自己塑造形象，高富帅、知识青年还是运动健将。人们都在尽力展现最好的一面，这就是理想中的自我，是一个人希望自己成为一种人的概念。努力给领导、同事、朋友和家人留下积极印象后，他们会明显感觉好多了。

　　用今天流行的话来说，就是你对自己的"人设"设计，人设狭义上指公众人物为自己塑造，受大众或粉丝欢迎的品格形象；广义上还包括性格、价值观、生活方式、外貌等。社会学家欧文·戈夫曼认为，个体自身是一个社会实体，我们个体自身中看起来最具特质的方面，都不是我们自己特定心理的产物，而是社会性决定的（文化和历史）。

　　我们认为自己是谁，我们希望自己是谁，以及我们能够成为谁，这些都无可避免地与我们交往的人员类型以及我们生活的制度背景联系在一起，并受到它们的调节。人们在不同的社会场景中扮演不同的角色，在不同的场景下，人们也会有不同的表演。因为人们要通过刻板印象在陌生的环境中快速判断陌生人，所以会把这种判断设置一个基本的假设模型。人们在社会活动的互动中，刻意创造了一种虚拟的社会身份，其实和真实的社会身份是有差异的。

　　一个人最重要的部分是自我。你知道自己是谁、自己的性别，了解自己的感受和记忆，你的自我概念构成要素以及定义，你的自我的那些特殊信念就是你的自我图式（self-schemas），图式是我们组织自己所处世界的心理模板。自我图式也就是对自己的认识，比如身强体壮的，爱运动的，喜欢动漫的，爱好美食的，聪明的，等等。这些强烈地影响着我们对社会信息的加工，还会影响我们如何感知、回忆、判断和评价他人和自己。

如果体育运动是你的核心概念（假如成为一名运动员是自我图式的一部分），你就会特别注意别人的身体状态（比如肥胖、匀称）和技巧。你可能会很快回忆起与运动有关的经验，而且你会特别记住与自我图式一致的信息。比如，如果女朋友的生日和爱好与你的接近，你就更容易记住，自我图式构成了我们的自我概念，它可以帮我们分类和提取经验。

自我表露：印象管理

如果潜在的客户喜欢你，并且相信你、信赖你，信任你的为人和公司，那么，他就有可能从你这里买东西。

——俞赛前

人作为群居物种，有着天然的社会属性，我们都非常在意我们留给其他人的印象并且在乎别人对我们自己的看法。我们在衣着、谈吐、食品，化妆品和甚至奢侈品花费了大量的金钱，那都是因为我们在乎其他人对我们自己的看法。给别人一个好印象，常常能够给自己带来意想不到的物质或名誉上的回报，能让我们自我感觉良好，甚至能够让我们的社会身份更有保障。

没有人愿意让自己看起来自相矛盾，为了避免这一点，我们表现出与自己的行为一致的态度；为了看起来一致，我们也许会假装出某种态度，虽然有点做作和虚伪，但是出于自私的考虑，我们自己认为为了给他人留下好印象是值得的。

中国古语有云："佛靠金装，人靠衣装！"这就是想表达个人形象在社会活动中的价值。作为销售人员，自我表露的印象管理尤为重要，因为与客户的第一次见面、第一次的方案演示和第一次陌生拜访给客户的印象，甚至会直接影响到销售成功与否。因此，销售人员必须从以下三个维度对自己进行自我形象的管理。

第一，专业主义者。

第二，问题终结者。

第三，性价比最优者。

1. 专业主义者

作为销售人员，在自身能力的修养上必须是本行业的专家；在客户对销售人员的判断上，让客户认为专业的销售人员能够迅速诊断出问题，并提供解决方案。就好比患者生病去医院看医生，患者的唯一诉求就是医生能够治好病，而如果医生不专业，无法准确判断病情，延误了病情，甚至误诊，这是患者难以承受的。那专业主义者应具备哪几项能力呢？

第一，先见能力。专业销售人员的第一点就是需要销售人员对行业的见解、行业的发展趋势和客户目前面临的问题有全面细致的了解，甚至对客户所在的公司有深刻的认知，这是第一步。

第二，讨论能力。在先见能力的基础上，销售人员必须以专业人士的素养和客户共同认真讨论面临的困境、困境产生的原因，并且提出多种多维度的解决方案，以供客户选择。

第三，构思能力。有了先见能力和讨论能力，接下来自然而然地开始对整体的解决方案进行构思，并且对所能提供的价值进行导入和测试，拿出最优解决方案。

第四，适应能力。作为一个专业的销售人员，当面临不同的客户、不同的客户困境、不同的客户偏好和不同的客户要求时，他必须有很强的适应能力，迅速进入状态，以提升决策的效率和质量，从而为客户赋予价值。

在销售实践中，无论是线形决策还是策略性决策，销售人员的专业包含着个人形象、行业知识、问题洞察、客情维护和趋势判断等。例如白衣天使、医护人员的白色工作服，代表着统一的整体形象，白色也容易让患者视觉放松，而且当有污渍是很容易被辨识出来，利于清洗和消毒，保证自己、环境和患者的健康。久而久之，白色就成了医护人员的颜色代表。作为一个优秀的销售人员，专业的人设和形象，是前提，是基础，是从业的门槛，形象整洁，干净受信任，显示了良好的精神状态和积极乐观的态度，对客户也是一个积极正面的影响，每个人内心深处都希望和充满正能量的人相处。

客户更关注问题本身是否已经解决，不关注解决方法，我们应该给顾客展示的是确定性，能解决什么问题以及问题解决后的样子。

2. 问题终结者

客户之所以愿意花时间和你接触，主要是因为遇到了困境，这个困境可以是生死存亡的紧要关头，也可以是面临更严酷的竞争环境和格局，需要寻求突破；并且愿意为此改变而付出一定的代价——采购你的商品或服务。

如果你提供的商品或服务只是隔靴搔痒，甚至是治标不治本，那么可以非常负责任地告诉大家，也许你可以忽悠一个客户，但是绝对不可以在市场上、行业内继续很好很滋润地活下去。金杯银杯不如客户的口碑，说的就是这个道理。作为一个销售，作为一个问题的终结者，为客户提供全方位的解决方案，需要关注以下三个维度。

（1）提出适合客户特点和要求的解决方案

每一个销售人员都非常清楚，客户的实际情况千差万别，我们不可能用一个解决方案解决所有的客户问题，就像之前说的江湖郎中一副狗皮膏药包治百病——这样靠忽悠的时代已经过去了，并且客户本身就是真正的专家。唯有沉下心来，认真和客户讨论研究客户遇到的困境，并且仔细分析困境产生的真正原因，然后依据客户的支付能力，提供合适的解决方案，才是正解。

衡量解决方案是否优秀的标准有三个：

• 能够解决客户当前的问题；

• 客户愿意为此付款；

• 对未来的风险有一定的预防作用。

（2）具备实施解决方案的能力

解决方案一旦得到客户的认同，就要进入到具体的实施阶段，作为一个专业的销售人员，肯定是接触过很多的客户，并且有过实施经验，且对实施过程需要的资源投入、风险的控制和解决后的场景有充分的认知；而这些都必须非常清晰地告知客户，因为客户有知情权。

（3）预防问题再次发生的风险点

客户的需求得到满足，充分证明了你提供的商品或服务的可行性。而问题总是接踵而至或者说层出不穷，在整个实施过程中，随着你对客户现状的了解，作为一个专业的销售人员应该能够预见性地判断未来的风险点，并且告知客户做好提前的准备，这才是真正的专业人士风范。

医生是病魔的终结者，英雄是坏蛋的终结者，销售人员必须是客户痛点的终结者。客户愿意购买你的解决方案，是出于对你，对你所在的公司，对你的产品、服务和对你的解决方案有信心，有信心你能够帮助他解决痛点，这是我们销售人员的基本价值。

3. 性价比最优者

今天的市场上，具备充分竞争力的行业比比皆是，因此客户总是有很多的选择机会。那如何在如此激烈的市场中脱颖而出？道理很简单，问题是明摆着的，甚至解决方案都有一定的同质性，客户投入资源的多寡将决定谁会胜出，因此性价比将会是撒手锏。

如果你提供的销售解决方案，不仅能够帮助客户解脱困境，而且投入资源较少，毫无疑问，你一定是胜出者。这就像米其林餐厅的大厨，同样的原材料，一样的菜名，甚至烹饪手法和程序都是大同小异的，而味道却差异极大，造成客户体验和评价而带来的价值、价格完全不在同一个水平。

成功的成交心理学

销售活动从某种意义上讲，是一个客户心理和销售人员心理持续博弈的过程；在这个过程中，双方采取的策略取决于对未来期望价值和收益的预期判断，因此掌握客户的心理是一种销售策略、技巧及战术。

——俞赛前

学过物理或力学的人都知道，每一个作用力都存在一个与其大小相等、方向相反的反作用力，同理，销售过程中同样存在这种作用力和反作用力。你的推动力越大，越急于求成，目标客户和顾客的反推动力就越大，我们将这种抵消性行为称为逆反作用或阻抗。

首先，优秀的销售人员必须理解，逆反作用或者阻抗是个人抵制，反推动或持相反态度的本能反应。人们随时都会有逆反心理吗？当然不是。逆反作用并非事先设定的程序性反应，只是一个行为反应而已，但它确确实实在发生，尤其是在销售的过程中，哪怕对于一个中性的评价，潜在客户、顾客或者商业伙伴也会常常持反对立场，所以逆反作用是一种抵制形式。逆反行为大多数是出于下意识的自我防卫，并不是有意识的反应。

在销售流程中，从销售人员接触客户、介绍产品、销售演示和成交的销售流程，客户中的利益相关者尤其是关键决策人，将会跟随着销售过程的不断推进，逐步发生着变化，优秀的销售人员必须善于识别、觉察、引导和把握客户的心理状态变化，从而把控销售的流程，最后促成成交。

逆反行为与反对直接相关，这会增加销售失败的风险性，而降低销售成功的可能性。因此，逆反作用会对销售会谈产生破坏性的影响，不仅不会培养客户与销售员之间的共同点，还会导致彼此之间的不协调甚至是谈判破裂。在它的逆反作用影响下，谈判双方要么力图控制谈话的过程，要么就只想满足自身的需求，这是所有谈判导致破裂的核心因素，认识到这一点很重要，因为降低逆反作用的负面影响将极大地降低你销售失败的风险性，从而提高销售成功的可能性。

为了降低逆反作用的负面影响，我们应该首先明白导致这种行为发生的原因。最后，逆反行为更多是出于人们安全的心理需求和自我满足的需求，而不是反对你们彼此讨论的内容。从基因遗传的角度讲，人是天生的叛逆者，是因为我们天生就缺乏安全感，也许表示赞同的确能使人们达成一致，但是却无法满足我们内心自我价值实现的潜在需求。

销售人员在销售过程中，可以依据接触的客户类型，对客户的内部工作人员按照对销售结果相关性分为以下三类。

1. 第一类：轻度的建议影响者

这一类人通常存在于客户内部与使用者配合和协助的上下游部门，我们以 ERP 软件销售为例。ERP 将会打通企业内部的生产、原材料和商品的进销存管理，在上游需要很多信息的输入，而在下游的部门将会接收到信息的输出。信息的输入和输出直接影响到这些协作部门工作职责的调整分工，甚至重组，对他们造成的影响和使用体验将会影响到关键决策人。

2. 第二类：中度直接影响者

这一类通常是商品或服务的直接使用人或者财务功能部门。商品或服务的直接使用者通常有未使用过或已经使用过了类似的商品或服务这两种情况，如加入其未使用过的类似产品或服务，他们势必需要详细的使用体验，因此而带来的工作方式的调整，工作职责的重新划分，资源的重新分配体系，甚至考核方式的调整。而这将会直接影响到中度直接使用者的利益，将会破坏现有的利益平衡，因而带来利益的重组。

另外，还有一类部门是财务、IT 甚至人力资源等，财务部门将从现金流的使用分配原则和投入产出比，进行投资决策的建议。IT 这一类的信息负责部门，需要重新对现有的系统进行调整，优化审批流程；由于商品或服务的增加，人力资源部门可能需要考虑人员规模的增加、职责的调整、招聘的投入或者考核内容的调整。作为职能部门，他们将会非常有针对性地对新采购的商品或者服务从各自专业的角度进行全面的评估，而这些专业性的建议是关键决策人决策的重要参考依据，甚至是决定性的依据。

3. 第三类：重度直接决策者

在销售的实践中，无论是线形的单点决策体系还是策略性决策体系，总是存在一个最后拍板或者说是一锤定音的决策人。他在客户内部有足够的影响力和权力，可以决定客户公司的未来发展方向或决定资源的配置和投入，尤其是在一些重大的项目或大型超大型的采购决策上。最为关键的是，他的决策是不可以更改和逆转的，这是关键中的关键，我们称之为重度决策者。

这三类人的共同特点是：

• 任何一个人都有可能影响销售的结果；

• 他们是一个决策链条；

• 对签单结果的影响力，呈现依次递进的关系。

不同之处在于最终的结果都是重度直接决策人拍板决策，我们也不排除在一些大型的项目、软件、采购和招标的销售流程中，由集体投票决策，在这里我们重点讨论单体线性决策体系。

1. 责任风险

责任风险通常是指在关键决策人做出购买的决策时，担心因错误决策影响自己在公司的专业性、影响力、权威性，甚至部分决策人有可能因为错误的决策而要承担连带责任，有可能丢失工作，这就是所谓的决策安全感，也是所有客户在进行决策时的第一性原理。销售人员必须对此有非常清醒的认识，首先要把握和克服客户的这种心理，在自我形象的管理、销售工作的准备以及解决方案中，对因为客户决策安全感而带来的决策阻抗进行细化和明示，有针对性地提出解决方案，否则是无法对其进行推进的。

对于个体消费者而言，如果由于自己的决策失误，结果可以由个体自己承担；而在企业的决策过程中，如果关键决策人的决策失误，给企业、个人或团队带来的损失是很难评估的，所以在企业的内容流程和决策体系中，会通过组织架构的设计、职责的调整以及风控系统的建立，从决策前、决策中和决策后进行全面的风险预防机制，力争将企业的经营风险降至最低。

但是在销售过程中，无法逾越的是关键决策人的最后决定，所以优秀的销售人员一定要把握客户的这种微妙变化的心态，一起帮助关键决策人克服这种因为害怕决策失误而不敢决策的心理状态。从某种意义上来讲，一旦帮助关键决策人克服了这种决策的心理障碍，可以毫不夸张地说，销售活动的成功率瞬间提升50%。

之前笔者在从事百事可乐的前期推广工作时，基于业务模式和经营策略，我们推行了经销商体系，分为总经销、一级经销商和二级经销商到销售终端（直接进行售卖的零售网点）的三级经销体系。而潮汕地区的总经销大部分实行的是家族股份制，家族成员共同集资做一个生意，而将经营权委托给家族其中的一个人进行日常管理，但是遇到重大决策的时候，需要大家一起来共同决策。在共同的决策中，管事人不一定是关键决策人，这是一种典型性现象。甚至还有一种情况是：管事人是被家族从外面雇用的职业经理人（且持有经营性分红），在这种背景下，管事人更加担心决策的风险，所以前期百事可乐的商务拓展代表最核心的工作是：对每一个候选的总经销商的背景做详细的了解，从中发掘出关键决策人，然后通过管事人约见关键决策人，最后才能做出决定。

2. 沉没成本

沉没成本（sunkcosts）：一项投资无法通过转移或销售得到完全补偿的那部分成本。具体来说，沉没成本的代价取决于资产的初始价值（扣除价值）与其打捞价值（转移或再销售价格）之间的差额。从决策角度来看，以往发生的费用只是造成当前状态的某个因素，当前决策所要考虑的是未来可能发生的费用及所带来的利益，而不考虑以往发生的费用。

销售流程中，客户和销售人员都存在如何面对沉没成本的境界，从客户的角度来看，当客户花钱购买了商品或服务之后，客户所付出的时间资源和货币，马上变成了沉没成本，与此同时，从销售人员的角度来看，销售人员在跟进客户的过程中，所消耗的时间将会变成沉没成本。因此，无论是客户还是销售人员，在整个销售流程中，都一直在纠结于成本和收益的得失，这是一个双向选择的课题。

我们回到日常的销售过程中，从预约客户开始，因为客户担心在不知名的供应商身上花费了大量的时间而没有收益变成了沉没成本，所以在做出是否见面的决策时，理所当然优先考虑供应商的品牌、知名度和公司公众形象，这就很容易解释为什么大公司、级别更高的销售人员更容易邀约到客户。

一旦约见后，客户在你的身上花费了时间，理所当然地会继续投入，这就是你第二次见面甚至是产品或者服务演示的机会。客户的心理压力状态随着投入的越来越多、越来越大，将逐步产生微妙的反应，当逐步积累到意向较强的时候，意味着签单的心理优势已经构建完成。

而在销售人员的角度来看，当跟进一个客户到一定的阶段时，销售人员在这个客户身上已经花了很多的时间和其他资源，如果推进不利，有可能产生强烈的挫败感，最有可能产生的一种情形尤其是初期的菜鸟销售容易迷茫。你把对客户的判断和对客户的投入相提并论，也就会认为：这个客户我跟进了好长时间，说得好好的，为什么不签单？这其实是销售人员单方面只考虑自己的投入度，而根本没有考虑到客户不买的真正原因。

从销售实践上来讲，是对客户的判断出现了问题，而将自己的投入（沉没成本）与产出进行了关联，这里面的决策性失误就是对客户的判断出了问题，而造成了更大的沉没成本，这也再次验证了客户开发和判断是销售人员之间的三大鸿沟之一。

3. 机会成本

天下没有免费的午餐，想得到一种东西都要以放弃另外一种东西为代价，这就是机会成本。依此定义，我们回到销售的流程中来，尤其是当客户面临两种或多种选择的时候，客户优先考虑的是投入产出比，其次考虑的便是机会成本。世界上没有两种一模一样的事物，当然也就不存在一模一样的解决方案，如果客户一定要进行选择，他会综合考虑做出决策后，两种或多种解决方案带来的价值和收益不同之处，而这些不同之处一定会带来不同的价值和收益。

从生物的决策系统来看，每个社会人和经济人，都不舍得丢弃可能到手的价值和利益，都希望达到投入产出比最大化，这就造成了选择性差异。与此同时，我们再次回到客户的购买决策体系，很多时候客户希望考虑最高的性价比，而性价比蕴含在商品或者服务之中，只有当客户成为真正的消费者或者有过使用体验后，才能做出效用的对比，反过来验证当初选择的正确性。而这，正是客户犹豫不决的主要原因。聪明的销售人员非常善于领会客户的犹豫不决，选择合适的销售策略，比如资源的稀缺、羊群效应或者让利等影响客户的决策体系，从而促使客户选择有利于自己的方案。

4. 损失厌恶

损失厌恶是指在行为金融学中，由于描述投资者按照自己心理账户的平衡来做出投资决策，在调整资产结构和配置时，往往卖出组合中的某些盈利的品种，而留下仍然"亏损"的品种的投资行为。2002年诺贝尔经济学奖获得者美国普林斯顿大学的以色列籍教授卡尼曼把心理学研究和经济学研究有效地结合起来，从而解释了人在不确定条件下要如何做出一种对"自利"的有利决策。

卡尼曼把心理学运用到现代经济学最成功的方面是"预期理论"。卡尼曼认为：在可以计算的大多数情况下，人们对所损失的东西的价值估计要高出得到相同东西的价值的两倍。人们的视角不同，其决策与判断是会存在"偏差"的。

在销售实践中，对客户的心理把控是所有销售人员必须极度重视且要深度钻研和学习的领域。客户的心理活动贯穿整个销售流程，从客户预约，第一次面谈，痛点的研究，真实需求的挖掘，关键人关系维护，解决方案提供和销售谈判，签单和付款以及售后服务。很多时候，客户不签单并不仅仅是以上技术性的原因，更多的时候是心理因素在作祟。认知赋予事物意义，而情感则赋予其价值，所以在人类的决策系统中，人类的思维模式都是理性地思考但是感性地决策，这也印证了"聪明人做傻事"这句话。

我们以上班族的午餐决策为例，午餐面临外出就餐和外卖两种方式，川菜和东北菜两种口味供选择，首先我们要考虑的是是否外出，外出的好处是新鲜和菜是热腾腾的；而外卖，尤其是在北方秋冬季节气温较低时选择外卖一定会损失热度，就会带来口感的下降。外卖，选择哪一个平台，美团还是饿了么？如果是同一家餐厅同样的菜品，哪个平台的优惠力度大？

与此同时，外出会比较麻烦，行程和距离的远近要考虑，如果距离远，还得考虑交通工具和排队、结账等一系列成本。口味的选择也会带来餐厅的选择，餐厅的选择就会带来成本的选择，包括食物的价格，如果选择了川菜就不会再次选择东北菜。如果是两个人或者小团队就餐，到底谁做决定吃什么？在哪里吃？AA制还是谁请客？如果一旦有人做了决定，发现菜不合口味，服务不好，这个点餐人或者是决策人是否愿意承担这个责任？在这个典型的单点决策模型中，机会成本、沉没成本、责任风险和损失厌恶一览无余，尽显于其中。

痒点、痛点、爽点和卖点

将客户对现状的自足心理转换为行动的欲望，是职业销售中真正的精髓。销售人员可以去开发那些确定有需求但没有意识到紧迫性的客户，而销售冠军会将这种潜在需求及时转化成即刻需求，这就是销售冠军与普通销售人员的巨大鸿沟。

——俞赛前

痒点：我要；我想要；就是想要满足自我的欲望！

痛点：我必须要；痛点是刚需无法满足的恐惧与焦虑。

爽点：哇，好爽！痛点或痒点被及时满足后瞬间的情感和心理状态！

卖点：就是与竞品相比的差异化优势，是客户购买的理由，并且能够引起用户的共鸣。

痒点

痒点是引导出客户心中的"我想要",客户不喜欢被动地接受推销,但是喜欢自主地做出购买的决定。高超的销售人员懂得他们的工作其实是创造一种让客户主动产生购买欲望的氛围,所以说销售人员决定了客户的购买。因此在销售的过程中,尤其是在客户的判断和客户分级过程中,痒点和痛点的判断是最关键的一个环节。

如果客户目前是痒点,就要想办法转化成痛点。举例说明:iPhone11pro 推出市场的时候,独特的摄像头吸引了足够多的眼球,而很多潜在的消费者自身已有手机,且可以满足基本的功能,但是缺乏一个社交货币或者说是炫耀性的物件,来满足自我被围观、被高看、被认可的需求。痒不痒?给人一种在情感和心理上更好的满足感,就叫痒点。痒点是满足用户的欲望,人不光有恐惧,也有欲望,满足用户欲望的就是痒点。痒点的特点包括两个方面。

第一,一般是超出预期的个性化的需求。比如奢侈品苹果手机、LV 包包和 Nike AJ 等。

第二,痒点往往伴随着社交货币、个性化、高品质等关键词。比如想象中花很少的钱住五星级的酒店。

伴随着互联网购物的流行,关键意见领袖(Key Opinion Leader,简称 KOL,通常被定义为:拥有更多、更准确的产品信息,且为相关群体所接受或信任,并对该群体的购买行为有较大影响力的人）逐步形成了对潜在消费者的巨大影响力。李佳琦曾于2018年9月，成功挑战"30秒涂口红最多人数"的吉尼斯世界纪录，成为涂口红的世界纪录保持者，自此被称为"口红一哥"。

口红本来是每个女性化妆包中的必备品，而很多女性依然再次选择直播购买，是因为要享受这种社交货币，表示自己没有被时代抛弃，是与潮流共舞的群体，买的不仅仅是口红，更是自我的安全感和归属感。

痛点

痛点是刚需无法满足的恐惧与焦虑（是用户未被满足的、急需解决的需求，也就是刚性需求），客户的痛点本质上就是客户的焦虑和恐惧。

奥地利精神病医师、心理学家、精神分析学派创始人弗洛伊德说，焦虑是我们为文明进步所付出的代价，作为社会大集体中的一员，我们必须控制我们的性冲动和攻击性冲动，不让它们表现出来并伤害他人。但是有时由于自我担心掌控不了本我和超我不同需要之间的内部争斗，结果就产生了弥散性焦虑的阴影，弥散性阴影使得我们感到不安而又不知道为何不安。而恐惧是有害的，它折磨我们，剥夺我们的睡眠，抢先占有了我们的思维，它像人人都害怕死亡一样，恐惧也具有传染性；

不过更多的时候，恐惧具有适应性，它是一种警报系统，可使我们的身体为随时逃离危险做准备；恐惧有助于我们以问题为焦点，思考并预演应对策略，与此同时，恐惧刺激了大脑的杏仁核，它是大脑深处的边缘系统神经中枢，杏仁核在把各种情绪（包括恐惧）与特定情景联系起来时起着关键的作用。

痛点的特点包括：

• 普遍存在的问题，所以叫客户的痛点，痛点是产品设计的出发点；

• 问题是客观存在的，需要得到解决方案；

• 有时候问题的解决需要依赖一定的客观条件。

我们以我们已经离不开的微信为例，微信的底层逻辑和功能是通信工具，首先是熟人间的通信，点对点的沟通，然后有了附近的人、扫一扫、摇一摇、看一看和搜一搜等主动社交的功能。微信希望解决的痛点是通信，而通信解决的痛点是信息的传递，信息的传递解决的是生存的恐惧。

为什么是生存的恐惧？大家可以试想一下，如果把你一个人放逐到广袤无际的东非大草原，意味着你需要独立生存下来，首先是食物的获取，然后是对抗外部的威胁，比如夜晚到处觅食的狼，白天饥饿的大型哺乳动物，而这仅凭一己之力简直是无法完成的任务，那么随之而来的就是生存的恐惧。人的本质是一切社会关系的总和，人要维持社会关系，信息的交互就是非常刚的刚需、非常痛的痛点。

爽点

爽点是痛点或痒点被及时满足后瞬间的情感和心理状态！爽点也预示着一直憋着的需求被瞬间释放和彻彻底底满足了。

爽点英文名：Aha moment，可译作啊哈时刻或尤里卡效应，就是用户第一次了解到你产品价值的时刻的情绪释放。它通常出现在用户第一次使用你的产品时，特别是用户被激活的过程中。

顾名思义，啊哈是一种情绪表达，它让用户留下了足够强烈的第一印象，从而不断回到你的产品中来。换句话说，一旦用户进入你的产品，就会开始寻找产品对他们的价值。用户确认产品有效的那一刻，就遇到了你产品中的爽点。用户可能会，也可能不会意识到这一刻的发生，但无论如何，一个用户是否经历了这一时刻，决定了他会成为你产品的留存用户还是流失用户。

爽点的分类：

①满足感：和自己对比。

②认同感：建立新印象。

③优越感：和别人对比。

有需求，还能被即时满足，这就是爽。例如："大吉大利，晚上吃鸡"（简称"吃鸡"），网络流行语，最早来源于电影《决胜21点》，随后因在游戏《绝地求生：大逃杀》《和平精英》中出现而火遍网络。该词是指玩家在《绝地求生：大逃杀》等游戏中取得第一名。当在该游戏中获得第一名的时候就会有一段台词出现："大吉大利，晚上吃鸡！"

卖点

卖点就是与竞品相比的差异化优势，是客户购买的理由，能够引起用户的共鸣。产品卖点包含两大要素：差异化和优势。我来举四个案例。

年轻人最爱的短视频抖音的slogan：记录美好生活
官方的推广语是： 一个帮助用户表达自我，记录美好生活的短视频平台，主打超多明星在抖音；记录美好在抖音；实用内容在抖音；各行各业在抖音；全民记录自我，生活的美好都在这里。

找销售微信小程序的 slogan：一亿销售人员自己的求职平台
官方的推广语是：
一亿销售人员自己的求职平台，主打纯销售岗位，大公司，底薪高，提成比例高，求职者直接与企业沟通。
小红书：标记我的生活，美好生活分享社区
官方的推广语是：
明星潮人，社区热门，视频 vlog，标签贴纸，全球好物，和全世界好看有趣的年轻人一起找到想要的好生活。
B站：弹幕番剧直播高清视频，你感兴趣的都在 B 站
官方的推广语是：
新番动画，国产动画，等等，这里是哔哩哔哩吗？！科技！核心玩法放送！主打的是弹幕。

　　创造出很不错的卖点后，我们还需要一个步骤，叫卖点证明。农夫山泉为了证明"我们只是大自然的搬运工"，将发现整个水源的过程用摄像机记录下来，并制作成广告进行全渠道的推广。卖点是站在卖家本身角度说的！狭义上的卖点，就是指我们自身的特色，但这个特色在消费者的显意识里不一定能发现得了，只有等商家一说出来，如果消费者突然对你产品的特色有怦然心动之感，如此，你所塑造的卖点就成功了，真正有杀伤力的卖点，能在瞬间打动人。

卖点的特点：

• 说问题，也就是痛点，说明他很懂你，引起共鸣；

• 说清楚如何解决他的问题，激起购买的欲望；

• 展示意想不到的功能和服务，也就是痒点，一锤定音。

提炼产品卖点的三个角度如下。

1. 角度一：价格

价格是影响消费者决策的重要因素，透明化或者可比性较强的产品以价格作为卖点，在很大程度能够杀出一条血路，免费是互联网时代最大的利器，想当初出行领域的 Uber、快车和滴滴出行，为了教育客户、吸引客户和留住客户，先免费体验然后直接送红包，简单粗暴有效。

2. 角度二：服务

顾客不仅仅消费产品，很多时候服务也是消费者购买会考虑的因素，比如海底捞的变态服务；比如购物平台的七天无理由退货并赠送运费险。

3. 角度三：效率

人们都渴望快速获得自己需要的商品，尤其是在市场竞争激烈的形势下，高效率地满足客户的需求，是这个快节奏时代客户的要求。互联网时代的购物平台，比如京东的多快好省，天猫的理想生活上天猫和万能的淘宝，都是节省了消

费者选择的成本，提供了应有尽有的商品和无与伦比的高性
价比。

通过痒点和痛点来设计销售路径

我们是什么（内在）和我们做什么（外在）之间存在怎样
的关系呢？哲学家、心理学家、社会学家和教育者们对态度与
行为、性格与举止、私下的言论和公开的行动之间关系的探索
由来已久。专家们和科研人员有这样一个假定：我们个人的信
念和感受决定了我们的公开行为，如果我们希望改变行为，那
么首先需要做的是改变我们的心智。

最初，社会心理学家们赞成：了解人们的态度就可以预
测他们的行为。二战期间以希特勒为首的纳粹搞种族灭绝行
动，再次说明，极端态度会导致极端行为。如果一个民族或
国家的人民憎恨另一个国家的领导人，那么该国家就更可能
对所憎恨的国家采取极端的恐怖主义行动。憎恶态度也会激
发暴力行为。

美国社会心理学家利昂·费斯廷格（Leon Festinger，
1919.05.08—1989.02.11）主要研究人的期望、抱负和决策，并
用实验方法研究偏见、社会影响等社会心理学问题，他提出了
社会比较和认知失调理论。社会比较论指出团体中的个体具有
将自己与他人进行比较，以从中确定自我价值的心理倾向，受

到社会情境之影响，个体时而与条件胜于自己者相比较，有时将与条件劣于自己者相比较，旨在追寻自我价值。

认知失调论的基本要义为，当个体面对新情境，必须表示自身的态度时，个体在心理上将出现新认知（新的理解）与旧认知（旧的信念）相互冲突的状况，为了消除此种因为不一致而带来紧张的不适感，个体在心理上倾向于采用两种方式进行自我调适：其一为对于新认知予以否认；另一为寻求更多新认知的信息，提升新认知的可信度，借以彻底取代旧认知，从而获致心理平衡。此理论于性质上为解释个体内在动机之主要理论，故而被广泛用以解释个体态度改变之重要依据。

于是在1964年利昂·费斯廷格提出有充分的证据表明，改变人们的态度并不能改变他们的行为。他认为，态度与行为的关系以其他方式运作。正如罗伯特·阿贝尔森所说，我们"训练有素十分擅长为我们所做的事情寻找理由，但是并不善于做那些我们为之寻找原因的事情"。当社会心理学家谈到某人的态度时，他们指的是与人或事物相关的信念和感受以及由此引发的行为倾向。

综合起来人的态度可以界定为个体对人或事物的积极或消极的评价性反应，它通常根植于个体的信念，表现于个体的感受或者行为倾向。当态度是由某种经验建立的，而不只是道听途说，这个时候态度就具有可接近性，更持久，且更能够引发行为。

依据以上理论的基础，企业或者销售人员在面对潜在客户的时候，如何成功地说服潜在消费者购买呢？可以参照以下三个步骤。

1. 先调动用户情绪（恐惧、愉悦、害怕或焦虑）

恐惧是有害的，它一直折磨我们，干扰我们的睡眠，抢先占有了我们的理智思维。不过更多的时候，恐惧具有环境适应性，它是一种预警系统，可使我们的身体为逃离危险做出准备，与此同时，恐惧有助于以问题为焦点，思考并预演应对或逃避的策略。恐惧习得的关键区域是杏仁核，神经冲动从神经组织的节点传出，到达大脑中枢的另一边，传递着心率、出汗、应激因素、注意力以及其他与恐惧情境相关的信息。基于此，销售人员应该充分利用潜在客户的心理，将其痛点可视化或者画面化，形成较为强烈的刺激。比如在国外售卖的香烟盒上，明确提示：吸烟有害健康。更有甚者，在香烟盒上以血腥式的照片展示了吸烟后的肺部被损害后的图片，触目惊心。

2. 用想象力或真实感唤醒用户对时间的紧迫感

唤醒（arousal）是指个体受到外部刺激而产生的感觉和知觉的反应，唤醒可分为生理唤醒与心理唤醒。传统的唤醒概念主要是生理唤醒（physiological activation），指的是生理的激活或自主性反应。伴随情绪与情感发生时的生理反应，它涉及一系列生理活动过程，如神经系统、循环系统、内外分泌系统等活动。心理唤醒（mental arousal）是个体对自己身心激活状态的一种主观体验和认知评价。唤醒理论（arousal theory）是环境刺激对人产生的直接效果，用来提高唤醒水平，无论刺激是令人愉快的还是不愉快的，对提高唤醒水平的作用是相同的。任何情绪都伴随着一系列的生理变化，这种生理变化使得我们产生独特的情绪体验。

由英国著名导演迈克尔·艾普特为英国 BBC 广播电视台执导的写真纪录片《7up》（译作：《人生七年》）采访和追踪来自英国不同阶层的十四个七岁的小孩子，他们有的来自孤儿院，有的是上层社会的小孩。此后每隔七年，艾普特都会重新采访当年的这些孩子，倾听他们的梦想，畅谈他们的生活。

四十九岁知天命，看尽岁月流逝，看穿沧海桑田。本片综合了被访者七岁、十四岁、二十一岁、二十八岁、三十五岁、四十二岁、四十九岁、五十六岁、六十三岁的访问精华。而这就是我们人类：痴迷于记录、研究人生中的种种变与不变，也痴迷于从这些看似真实的影像中回望曾经存在的自己。《人生七年》系列的一个重大意义在于，它向观众展示了人类幸福和人生价值的种种来源。迈克尔·艾普特作为知名的导演，非常巧妙地以独特的视野和写实的手法，唤醒了人类对幸福、价值和未来的设计和追求。

3. 降低获得成本和初始行动门槛

根据"门槛模型"，一个集体的内部结构会对集体行为产生很大影响。例如，如果在一个集体中，大部分人都是容易被煽动的，或者说对于从事某事件有较低的门槛，只需要有很少的人行动，他们就会行动，那么这个集体就更容易发生群体性行为。反之，如果这个集体中多数人不易被煽动，那么这个集体发生群体性行为的可能也就相应较低。

而一个集体的结构，显然和集体的人群构成、收入水平、教育水平相关。因此，这套理论的提出，就在这些特征和集体行为之间建立起了联系。在这里，行动门槛可以从门槛效应和进入成本两个维度来帮助潜在客户打消顾虑消除阻抗，从而达到目的。对一些门槛比较高的产品，可以通过先推出免费试用版或测试版产品。比如，得到 APP 每个订阅专栏上的免费试听课和罗胖自己录制的每天听书 60 秒，就是一个很好的入口和门槛降低的案例。通过内容和免费试听，让潜在用户养成习惯并可以有效转化为购买。

痒点、痛点、爽点和卖点，从消费者的角度而言，它们是一个现实存在的真实需求，同时也真实地反映了消费者的心理状态。正是因为需求的存在，企业或者销售人员要及时收集、分析、判断和读懂消费者心理，针对性地提出解决方案，满足客户的需求，这才是企业和销售人员的生存之道，别无他法。

三个故事拿下订单——销售就是卖故事

想要与众不同，必须主动创造不同。在销售实践中，说服与被说服是在玩一种零和游戏，一方赢得盆满钵满就意味着另一方输得一无是处，故事的魅力在于它巧妙地绕过了这种非此即彼的较量，而故事倡导的是情感交流，倡导的是平等，这就是故事在销售实践中最核心的价值。

——俞赛前

一个成功的故事，必定是从一个小人物日常生活的世界出发，心甘情愿冒着种种危险甚至生命，迫于无奈或者鬼使神差进入一个前所未有的陌生领域。在这个陌生的领域中，有各种难以置信的困难、压力、威胁和接踵而至的痛苦，小人物历经艰辛，渡过重重难关，披荆斩棘，一路走来终于在导师和盟友的相助下，取得了决定性的胜利。于是小人物完成了神秘的冒险，带着能够为他自己、朋友和亲密家人带来幸福、理想和未来造福的力量归来，华丽转身完成了从小人物到英雄的升华和跨越。

讲故事是一个很好的工具，但是请确保你目的的善良。

在销售实践中的销售故事，是一种销售策略和有用的工具，并且使用起来简单易操作。更为有利的是销售故事最好是一个好故事，尤其是客户的成功故事，客户对产品或服务的好评要经常讲，见到客户就讲，这些都具有良好的持久性和传承性。

我们在网络购物的时候，经常会看到商品的评价，在京东的购物平台上，商品的评价按照类别分为（举例）：全部、最新、好评22万＋、中评2000+、差评2600+、有图2.1万＋、追加评价2300+、视频晒单500+、美观大方100、时尚大气39和简单好用36等类似的评价。这就是故事在购物决策中的典型性应用场景，让消费者在购买之前，对商品、服务和店铺的评价，通过第三方，也就是老客户的评价来获得。

这些评价就是一个个由同类型的消费者讲述的销售故事，可以毫不夸张地说，商品的评价功能提供了消费决策的参考，这些评价对商品的功能有了更加清晰的描述，而不是仅仅依靠商家的自我描述和吹捧，尤其是使用后的评价，更加有价值。

与此同时，商家充分利用了消费者的从众心理，举例说明，尤其是当我们在两个商品之间进行二选一的时候，我们非常大概率地会选择评价多的（代表购买的人次多，消费的频次高）、正面评价相对于负面评价高的（是性能和效果的验证），以及视频晒单多的（代表评价的真实性）。这就是销售故事，这就是故事的价值，这就是每个销售人员要学会讲好自己的故事、公司的故事、产品和服务的故事、客户的成功故事和未来的故事的价值和原因。

一起来，让我们做好销售从讲好销售故事开始。

故事能带给我什么好处

讲故事是引起情感共鸣建立信任的捷径。

客户不需要更多的信息，他们通过自己收集到的信息来做出自己的分析、判断和决策。事实上，很难从一开始就让客户形成信任，信任需要故事的维系，一个有意义的故事能够激发客户和你得出一样的结论，认同你的价值观，认同你的理念。

无论你是通过你的生活方式还是销售经历来讲述故事，确定客户是否被影响的首要因素都是——客户是否信任你？尤其是当你和客户初次接触，没有时间，没有机会，甚至没有任何信息来创造彼此的信任，作为销售人员的你，最好的做法就是模拟一个你值得信任的经历并告诉客户你自己的故事。用一个故事让客户自己做决定，这是获得信任和影响力的秘诀。

√划重点

客户更加重视他自己得到的结论，而不是你告诉他的结论。

在销售的实践中，作为销售人员，你首先要了解你所面对的客户是哪一类型的人，情感型、理智型还是其他类型，站在客户的角度思考一下，客户想从你这里获得什么，你对客户性格、品性、特点、思考和决策模式的了解程度，非常直接地影响了你对客户的初步判断，而初步的判断一旦形成，你的思维模式和行为方式都将随之而调整和改变，而思维模式和行为方式的改变，将会导致销售策略和推进方式的调整，直接会影响到销售结果，而且还会影响你的潜在收益和投入产出。

批判自己是建立信任的快捷方式。假如一个人能够在客户面前毫无保留地展示自己，展示自己好的一面，展示自己弱的一面（示弱），并且能够适当地批判自己，那么客户在潜意识里面会有这种心理状态：其他公司的销售人员都是说自己公司、自己产品和自己的好，而这个销售人员不一样。一旦客户有这种心理，你就有了一步小小的胜利。接下来，客户会想，这种人这么低调，这么谦虚，一定是坦荡的，没有什么保留的，看得出很真实。

真正的力量也许不是源自完美，而是源自自己认识到自己的不足之处，这样你才有不断向前的动力和学习的欲望。

讲故事是消除客户阻抗的万能钥匙

√划重点

每一个客户的阻抗（客户的不签单理由）背后一定有一个故事。

从力学和电学的角度来解释，阻抗是指在具有电阻、电感和电容的电路里，对电路中的电流所起的阻碍作用。生活中的阻抗比比皆是，当你教育孩子，你说你的，孩子依然我行我素该干吗干吗，作为家长和父母着急上火，却还不管用。当你处于热恋期间追求女朋友，你觉得总是不能够理解她在说什么，她在想什么，她到底想要怎样啊？你总是觉得双方不在一个频道上，各说各话，那种一个眼神的心领神会，简直就是可望而不可即！当你和客户交流时，你能够清楚地意识到客户的搪塞、客户的躲避、客户的心不在焉，甚至客户的逐客令，简直是失望至极，糟糕透顶，一切都不如意。这，都是阻抗在起作用。

可以毫不夸张地说，阻抗无处不在。每一个销售人员必须清醒意识到阻抗的重要性，以及寻找有规律和高性价比的解决方案，才是当务之急和重中之重。优秀的销售人员一定要想方设法找到这个阻抗的故事，并且对其进行理智的分析，拿出有针对性的解决方案或者想办法绕过这个阻抗。因为你必须清楚，这就是我们常说的心结，心结的形成有其背景和历史原因，如果心结没解开，你做再多的努力也是无功而返。

说服与被说服是在玩一种零和游戏，一方赢得盆满钵满就意味着另一方输得一无所有，故事的魅力在于它巧妙地绕过了这种非此即彼的较量，而故事倡导的是情感交流，倡导的是平等，这就是讲故事可以消除阻抗的原理和逻辑。

最佳的销售实践是：当你对客户有足够的了解，而且你也与客户建立了信任关系，所以客户愿意告诉你阻抗背后的故事，因此你就完全可以判断客户的阻抗点。这个时候，销售人员就要拿出自己的销售工具箱，找出有针对性的解决方案，然后通过故事的方式，非常巧妙地化解客户的阻抗或者是绕过客户的阻抗，或者采用替代方案来解决问题。

讲故事是销售说服的最佳武器

"轻信和盲从，无论是旧教条还是新宣传，仍然是支配人类心灵的弱点。"

——夏洛特

销售的说服包括了说服方、被说服方、说服内容和说服渠道四个基本要素，说服最基本的概念就是说服方以什么内容、何种说服渠道来说服被说服方。

说服方：信息的传达方，从社会心理学的角度而言，说服方几乎决定了说服结果，包括说服方的可信度、专业性、吸引力偏好和说服的风格四方面的内容。在这里，我们来重点讨论吸引力偏好，因为这是销售人员在面对客户的时候，经常会采用的销售策略。

人们往往喜欢那些与我们相似的人，相似包括：兴趣爱好趋同，价值理念相同，有共同认识的人或好朋友，比如微信朋友圈的共同好友，甚至居住地和口音相同，并且深受影响；而且当销售人员与客户讨论的是主观偏好时，相似性甚至比可信度更加重要，这是一个非常重要的信息。销售人员在与客户沟通时，应该去寻找更多的主观偏好，因为主观偏好会影响感受和情绪，偏向于情感型的概念，很容易拉近距离促成互信，而互信是被说服的情感基础。

说服内容：信息的特征，有效的说服内容也就是信息的特征，必须包括理智与情感（好心情与唤醒效应），正反两面的信息以及首因和近因效应等。当被说服方心情愉悦时，同样的信息对于好心情而言，说服力更强，好心情之所以能够增强说服力，来自两点：第一，好心情能够促进人们积极的思考；第二，好心情会和信息本身的特点关联在一起，也即是说心情好的时候，人会认为信息页很不错。这就是在五星级酒店的大堂通常都是大理石瓷砖，高高的屋顶，简单的颜色，明亮的灯光，非常轻松舒缓的音乐和淡淡的香水味道。通过视觉、听觉和嗅觉，这些感觉的交互作用，能够唤起记忆和情绪情感，形成独特的体验。

所以销售人员在设计说服的内容（也就是故事和说辞）时，要充分掌握这种技巧并且能够灵活运用，这样就大大增加了说服的可能性。与此同时，说服的信息如果能够唤醒被说服者的消极情绪反应，比如焦虑和恐惧，也会产生相当的说服力。比如我们常见的酒后驾车，政府关于治理酒后驾车的说服是非常有效的，它充分唤醒了驾驶员的恐惧心理。比如：在中国，每年由于酒后驾车引发的交通事故达数万起；而造成死亡的事故中50%以上都与酒后驾车有关，酒后驾车的危害触目惊心，已经成为交通事故的第一大"杀手"。

2010年8月，十一届全国人大常委会第十六次会议首次审议刑法修正案（八）草案，醉酒驾驶或被判刑，通过法律的形式来唤起驾驶员的恐惧心理，从而起到威慑的作用。

特别技巧：从心理学的专业角度，假如你非常专业甚至权威，而且所说内容是对方不特别关注的话题，这个时候，如果你倡导一个与众不同全新的观点，说服的可能性会增加200%。

说服的渠道：要想说服被说服者必须沟通，而沟通必须有渠道，这个渠道可能是即时通信比如微信、电话沟通、面对面沟通、书面的请示报告、演示文件（比如PPT）、微博、帖子或者媒体广告等。说服的渠道分为主动接受或者被动接受，个人影响或新媒体影响两个部分。

被说服方：信息的接收方。信息的接收方受到专业知识、教育背景、价值观和思维方式的影响，对信息的内容、信息的传达渠道和说服方会产生较大的差异，而这些差异是所有的说服方需要仔细考究和认真研究的，只有这样才能够达到说服的目标。

从社会心理学的专业角度来看，说服分为中心说服路径和外周路径说服。中心说服路径是指被说服方关注论据，且论据必须是专业权威、逻辑严谨、数据严实和令人信服的。外周路径说服，是指用被说服方易于感知却并不很客观的捷径来加以说服。中心途径是充满理智和逻辑的，而外周途径则注重情感和感知。一般而言，经由中心途径的说服效力更为持久，而经由外周途径的说服则更容易快速取得成效。中心说服路径通过可以迅速改变被说服方的外显态度；而外周说服路径则较为缓慢地建立内隐态度，它通过把态度目标和情绪反复关联而实现说服目标。

三个故事拿下订单——销售就是讲故事

我是谁？

我为什么在这里？

我们一起去哪里？

第一个故事：我是谁

1. 故事价值

源自成交理论中的客户只会与信任的人进行交往，而采取购买的决策时，一定会遵循价值溢出的原则，也就是说客户认为交换价值是增加，而不是减少；遵循这个成交理论，如何建立与客户的信任关系，是一个前所未有且至关重要的难题。而我是谁的故事，让沟通变简单，让信任更容易。

在销售实践中，我见过很多的第一次拜访，甚至第一通电话，开口就是：张老板，你好，我是××公司的客户经理王大胜，我今天来拜访您，是想向您介绍一下，我们公司针对目前的新冠肺炎推出的最新高端商用消毒仪器，它是专门为办公室设计的空气净化和消毒设备。

这种感觉简直就是交作业背书似的，这就是一个套路，感觉就是：公司规定，我们见客户必须这样说，说完之后再由客户来决定，买不买，不买就走人。这种情形，可以毫不夸张地说，十次中有八九次的拜访是这样的开端，自然而然结果也是一样的：被拒绝或者直接被轰出来。那么怎么样设计一个好的故事来代替这种例行公事似的开场白，或者让自己有机会吸引潜在客户的注意力，坐下来有机会倾听你说的故事呢？让我们从设计一个精彩而完美的故事开始吧！

2. 故事设计的框架

（1）日常世界冒险的召唤

讲一个你自己的属于你的小人物大梦想的故事，交代清楚你最初的生活状态和心理状态，以及你的价值观甚至是一些微不足道的想法，就像自己就是大海里面的一滴水或大千世界里面的一粒尘埃，平凡普通，将自己塑造成为一个普通得再普通不过的小人物。本来按照你的生活世界和社会期望，你将和你的父母一样，按照他们的意愿和你自己的世界，随波逐流。

突然，有一天，有一次，那一刻，有一个人，有一句话或有一个场景，如神灵般出现在你的世界，向你发出了冒险的召唤，唤醒了你内心蠢蠢欲动不安分的那颗心，你甚至都不知道，不理解，完全不可以理喻，你自己为什么这样，为什么这么强烈地要做点什么，总是魂不守舍，扑朔迷离而心不在焉的，但是你清楚，你不再是以前的自己了。

（2）拒绝冒险，机遇和导师出现

当你鼓起勇气向好朋友，向父母，向你最信任的人表达你的蠢蠢欲动和不安分的时刻，你展现的是傲慢，展现的是没有任何底气和实力的假自信。其实你不过只是在维护自己的自尊；毫无例外，他们都通过不同的方式表达了同一个意思：兄弟，别折腾了，这样挺好。你看，我们不都是这样过来的吗？开玩笑，你疯了吧？有没有搞错，你怎么就有这样的想法？你脑袋瓜被驴踢了还是被门夹了，兄弟，别做梦了！醒醒吧，我看你是看电视看多了。兄弟，电视上和游戏里面都是骗人的，别信他们瞎说，咱们该干吗干吗，别闹腾了。

这些言语和想法，铺天盖地，导致你窒息，导致你觉得无处可逃，导致你想逃避，于是你找到了你自己熟悉的环境，在这个环境里，你很安全，很放松，可以漫无边际地遐想，甚至可以美美地睡一觉，这就是你自己对自己的看法，这就是你自己的精神世界，这就是你自己的内心，这就是自我的存在。

突然，你灵机一动，或许是一句名人名言，或许是你最信任的人给你讲过的一句话，或者是你自己的精神导师。迷迷糊糊之中，似乎有一道光，似乎有一个方向，似乎有一道阳光，似乎有一个五彩斑斓的世界，你知道，那是你要去的地方，是你要的世界。

（3）跨越第一次门槛和考验

于是在一个没有祝福甚至没有送别的早晨，你毅然决然离开了那个你熟悉的环境、熟悉的人和事、熟悉的山山水水，头也没回。也许此时此刻，你身无分文；也许此时此刻，你对未来一无所知，但是你知道，你在向前，你在奔向未来，寻求更美好的生活。没错，这就对了。懵懵懂懂，当你到达你心目中的理想之地，忽然发现，好像什么都没有准备，中午在哪里吃饭？晚上在哪里睡觉？你忽然发现没有朋友，没有人可以商量，一个人盲目地走在这个陌生的城市，看着来来往往匆匆忙忙的人们，你好像和他们很近但是又很远……这种感受从未有过，陌生中尽是孤单和寂寞。

当你打点行李到一个简陋但是便宜的小旅馆入住下来，疲惫和胡思乱想让你迅速入睡。第二天醒来的时候，胡乱吃过早餐，你知道，你要找一份工作，来支付旅馆的费用和饱腹的开支。于是乎开始了你的第一次寻找，就像一个猎人在森林里仔细地寻找猎物的蛛丝马迹。历经种种难关和各种面试，很快你得到了一份工作，开始了你的职业之旅，也许是电话销售。在经历过短暂的培训后，你的主管与你简单地交流了几句，你就开始了你的第一次销售经历……

当你拨通第一个客户的电话，没人接听，于是拨通第二个客户电话，还没等你介绍完自己，对方挂机了。第一天上午50个电话，要么是空号，要么无人接听，要么是接通之后，没介绍完，对方就挂机了。带着满满的挫折感一上午结束了，这是你的第一次门槛和第一次考验，这个考验来得这么简单直接粗暴！

这个时候，主管走过来，拍拍你的肩膀，含笑着说："没事，第一次都是这样，不着急，说不定下午就有客户了。"于是，你满怀信心和希望，开始了下午的电话之旅。果不其然，终于有一个客户耐心地听完了介绍，紧接着问："我知道你们公司和产品啊，你们现在什么价格？"于是，一切开始了。你知道自己终于跨过了第一道门槛。

（4）独自担当严峻的考验

在接下来的工作中，随着打电话的技巧越来越熟练，呼出的电话数量也越来越多，接通的数量也成倍地增长，终于预约到了客户见面谈。于是，你精心准备，考虑到自己第一次外出见客户，你特意邀请了主管同行和助阵，过程一如既往简单直接，客户也顺利地签下了。你感慨万千，喜形于色，终于觉得自己的价值和自己的能力得到了认可，你希望全世界都知道你成功了，并且急于向最亲近的人分享你的喜悦。

于是乎，你打通了母亲的电话，一如既往地嘘寒问暖，当你告诉自己的母亲：你签单了，赚钱了，要给母亲买好东西，要孝敬父母。母亲只是说："孩子，有心就好，在外面好好照顾自己，吃得好一点，妈妈就放心了。"当你和主管回到办公室，主管大张旗鼓地向全体同事宣布了你签单的好消息，一阵欢呼雀跃。同事们纷纷竖起了大拇指，"牛啊""厉害啊""最佳新人王啊"等赞叹声络绎不绝。

你知道，你被大家认可和接受了，你终于是大家庭中的一员了。于是你顺利地度过了试用期，开始正式进入月度的业绩考核了。在接下来的一个月里，你拼命地打电话，不知疲倦，饿了啃一口面包，渴了喝一口水，当同事们都下班了，办公室只剩下你一人的时候，你依然在准备客户资料，在微信上和客户聊天，你告诉自己，这就是你的生活状态，这就是你的工作，这就是你的全部。

你投入了所有，签单的客户数量也节节攀升，即将达到你的月度目标，一旦你顺利完成月度目标，你将成为本公司第一个在第一个月完成目标的新人，你将在月度的启动会议上，获得由销售总监亲自颁发的"新人王"称号！最后一个工作日还差最后一个客户，你能打电话和能逼单的客户都已经消耗完毕，没有存量客户了，怎么办？

你坐在办公桌前，无聊地翻起了手机的通信录和微信联系人，忽然发现了一个久未联系的初中老同学。之前也听说他在这个城市，还混得相当不错，有自己的公司，春节期间还开车回到了故乡。于是你抱着碰运气的心态，发出了一段语音，很快对方就回复了，三言两语的嘘寒问暖之后，你说出了你的请求和遇到的问题："没问题，我买了，微信转账给你。"就这样，你成了公司第一个新人王，掌声、鲜花和隔壁女同事那崇拜的眼光让你雀跃不已。哈哈，我成功了。

（5）获得奖赏浴火重生

接下来的两个月里，你一鼓作气，玩命地打电话，约客户，谈客户，签单收款，一气呵成，势如破竹，不断挑战自己的新高，月度启动会的领奖台成了你每个月的演讲台，同事们纷纷投来羡慕嫉妒的眼光，不断有人请教你，甚至不同办公室的销售总监都邀请你给他们团队进行成功故事和销售技巧的分享。一路走来，你似乎验证了你当初走出来的信心，获得了重生的力量，你已经触摸到和看到了未来的自己，一路披红戴花走向自己光辉的未来。

记住：最好的故事就是你自己的真实故事。

记住：讲一个故事，让客户看到一个他想看到的你。

第二个故事：我为什么在这里

当你历经重重，终于坐在客户办公桌对面舒适的沙发上，与客户面对面，你给客户讲了一个"我为什么在这里？"的故事。

"张总，你好！很荣幸有机会向您介绍我公司最新推出的办公室消毒杀菌净化器，在介绍产品之前，请容许我花五分钟的时间来讲讲我的故事和我为什么在这里的故事。最近暴发的新冠肺炎疫情，简直就是一场灾难，相信对您公司也造成了一定的影响。"

"嗯，是啊，公司损失不小。"客户点头说。

"经历了这次疫情，相信员工包括您自己对病毒也有了一定的认知，从另外一方面来讲，病毒的发生也提醒了各位一定要注意个人卫生和办公室的卫生，大家的自我保护和防范意识也增强了。我也特别留意到贵公司是一个技术和人才驱动的公司，都是一些高科技和高素质的人才，并且为员工提供了特别好的工作环境，您看，您这5A级写字楼，紧邻地铁口和商圈，无论是上下通勤还是购物吃饭都非常方便，看得出，您是真心为员工着想，并且付出了很多。"

"哈哈，小伙子，观察挺仔细嘛！"

"办公室虽然宽敞，但是因为你公司规模大，员工数量多，而且是在密闭的空间，现在是春季细菌活跃的流感易发期，员工是很容易被传染的，而这个时候，除了员工的自我安全意识和自我保护措施，每天对办公室进行消毒杀菌，就显得尤为重要了。否则一旦一个员工感染了流感，就很容易传染给周围的同事。一旦被传染，员工肯定得请假看医生或者在家休息办公，那就得不偿失了。关键是您的高科技公司中每一个人每天的工资都很高，如果非战斗性减员，恐怕这种情形您也不想看到。"

客户这个时候身体向前倾了一下，努力与你距离接近，想听你继续说下去。

"您看啊，您公司的保洁阿姨每天都会打扫，但是她主要是打扫灰尘，公共空间根本没有办法做到消毒杀菌，尤其是阿姨拖地的拖把，都是一个拖把一桶水一个办公室，您想啊，这些细菌是不是也到处都是？"

"是啊，确实是这样的，清洁工阿姨的抹布也是一块到处擦，甚至我的办公室也是阿姨打扫的，你这样一说，我还真得注意点了。有道理，小伙子，继续。"客户附和了一下。

"您看，如果每天花10块钱和1度电，就可以帮您把办公室空气全面进行一次消毒杀菌，不仅消毒杀菌效果好，而且完全避免被交叉传播的可能性，清洁干净、卫生还不贵。所以说，我来这里，主要是为了您和公司员工的健康考虑，更是为了您关爱员工赠送一份大礼，让您的员工享受到更高质量的保障和体验，让员工增加对您对您公司的认同感，这比什么都强，这是花多少钱也不容易买到的，是吗？"

故事三：我们一起去哪里

"张总，一旦使用了我们的产品，我们将会提供硬件、软件和自动化监控报警的办公室一体化消毒杀菌服务，您和您的员工每一个人都可以实时看到办公室的 SO_2、NO_2、$PM10$、$PM2.5$、CO 和 O_3 等六种污染物指标，而且一旦某个指标超过国标，就会启动报警机制。与此同时，您还可以自己设定指标，这样就对您的办公空间有了更高质量的标准。

"让每一个员工都觉得安心和放心，尤其是对怀孕的女员工来说，办公区更好的空气质量，让她们真正感受到公司的贴心关怀。在我们新一代的设备上，还有一个附加的功能就是室内香水，您可以根据您的喜好，设定不同的香水味道，一看您也是高知人士，香水除了可以给员工带来更好的嗅觉体验，更加重要的是有提神醒脑的功能。尤其是在昏昏欲睡的下午，如果启动这个功能，对工作效率的提高无疑是非常有帮助的，并且可以由您自己来设置香味和室内香水喷雾的时间和剂量，真正做到完全的客制化。

"另外，售后服务您完全不用担心，我公司为了提升客户满意度水平，提供终身的保修和免费服务，每天10元，这一切您都可以拥有。我们完全可以想象，当您这么高大上的办公室装上最先进的室内消毒杀菌和带喷香功能的空气净化器，员工对您一定是崇敬有加，觉得您是一个真正爱护员工的好老板，是一个真正将员工身心健康视为公司最重要资产的好领导，您的公司也将是一个员工满意度最好的公司。"

一个有影响力的故事，其主要的目的就是将客户的动力和你的目标紧密联系在一起，变成两个人共同的目标，这样你的销售就成功了一半。如果你的故事让客户受到启发，你将成功地重塑他们的思想，让他们重新发现生活和工作的意义，然后重新规划人生。

记住：好的故事一定能够激发客户对未来的憧憬和渴望，从而克服当下的挫折、痛苦和沮丧，并且振作起来。

如何讲好一个好故事

跃然纸上的真实和栩栩如生的细节。真实，真实，真实，重要的事情说三遍！细节，细节，细节，重要的事情说三遍！

1. 真实的定义

真实的定义：与客观事物相符合。简而言之，就是你所讲的故事必须是真实发生的、客观存在的，而不是主观臆断或者虚构的。如果故事一旦虚构，这样就没有了力量。

曾经有人问过一个问题：想要变得更好、更积极向上，想要拥有一个更正能量的人生，我需要具备哪一项最关键的素质？我的答案是：真实。现在转换一下，如果你想要你的故事变得更有说服力，更加吸引客户，想要让客户信任你，你需要具备哪一项最关键的素质？我的答案是：真实。

要让客户愿意听你的故事，要让你的故事能够打动客户，首先要保持真实性，而保持真实性的最大秘诀就是做到前后一致，也就是说具备一致性，即你的所有表达方式前后的逻辑结构都要全方位地保持一致，而不是前后颠倒，错误百出。否则，那将是一个糟糕的场景，你会将一切弄得一塌糊涂，且无法收场。

社会交易最大的成本来自信任的成本，正是由于信息的不对称，导致客户需要花时间和精力甚至资源来验证你所提供信息的真实性，这是客户的决策成本，也将是采购成本的很重要一部分。而通过故事提供真实的信息，将大大减少客户获取信息的成本，从而减少客户决策的阻抗，客户最终根据主观证据和真实事件相信你的意见和你所说的话。

比如知名品牌就具有很好的知名度和美誉度，买车买奔驰，买表买劳力士，奔驰和劳力士从功能上来讲，代表着品质，代表着信誉，所以品牌的力量就是信任的力量，就是消费者购买决策的核心因素。

记住：从心理学的角度来讲，以情感为线索串起的一些真实的事实，这就是故事。

2.细节的定义

细节，是真实的一部分。细节的定义：能够起关键作用的小事；细节也是一种能影响全局的细微的易被忽略的物件或行为；细节更加是指微观领域的事物形态。这是一个完整的关于细节的定义。因此故事的细节将是故事是否能起关键作用的小事情，与此同时，细节在故事中也是一种可以影响全局的物件或行为。故事是由一个一个有情感的细节组成的，通过情感的渐进，细节就像珍珠项链上面一颗颗闪闪发光的珍珠，呈现了雍容华贵无与伦比的气质。

细节越具体，越容易让客户有一种身临其境的感受，这样就会调取他记忆深处的内容，从而产生关联，引起广泛的联想。因为一个成功的故事必然是触动了客户的某种共性的故事。其实，要触动客户的共性，势必首先要用细节描述个体的个性，从而找到共性和基础。因为，你的真实和细节带来了震撼，将细节像雕刻石头一样刻入客户的脑海里，最后客户无法将感情思维和真实事件分开了，故事就被预装进入客户的心灵，最后变成一种永久性的记忆。

好的故事帮助客户理解事实的意义，事实只有具备了意义，才能活灵活现唤醒客户心目中的体验，从而产生影响力；而正是真实和细节提供了客观事物的全面，赋予了客观事物意义。

3. 声情并茂的表演和无穷无尽的遐想

面对现实的情况，你的面部表情，你的手势，你的语气，你的语音，你的语调，你的措辞，都会向客户传递一定的信息。尝试着用声音、气味和滋味（正如营销专家所言：你不是在卖牛排，你是在卖牛排在铁板上的滋滋声），把客户带入你的故事，给他们身临其境的感觉，全方位地调动客户的视觉、听觉、嗅觉和触觉，甚至是味觉（这样你就可以理解在沃尔玛中，让你试吃的小饼干或者水果的设计原理了）。

让客户用全身心去体会故事，客户往往会被情绪所感染，从而产生良好的体验。情绪可以改变思维，而故事却可以非常有效地改变情绪。假如一个精彩的故事可以让客户开怀大笑或者会心微笑，你便可以改变和主导整个局面。

请记住，故事一定是有生命力的，即使斗转星移，那些经典的故事，依然不会退化，这些故事将会一代一代地传递下去。故事包含着情感，这种情感所激发的热量和力量，远大于所有事实简单相加所产生的能量，道理很简单，故事勾勒了一个活灵活现的场景，蕴含着一定的智慧，包容着一种哲理，这种智慧和哲理远胜于干瘪瘪的事实。

故事，依托情感因素将过去的历史带给了客户，并且形成了共鸣，一旦客户的情感得到了释放，将会对客户和你的关注点和对话内容产生直接的影响。远离情绪制定购买决策并不能保证决策者不受影响，但是可以减少情绪对决策的干扰和阻抗，加快客户购买决策的速度，这就是故事在销售中的核心价值。

每个优秀的销售人员必须精心给自己设计一个精美的故

事，不断给你接触到的所有客户重复讲关于你、你的企业、你的产品或服务的故事。与此同时，除了"我是谁""我为什么在这里""我们一起去哪里"这三个故事，你还需要设计一个成功客户的故事。

成功客户的故事可以是你和客户从开始到美好未来的故事，也可以是你帮助客户成功的故事，以及客户对你提供的产品或服务的评价的故事。另外，故事的一些基本技巧包括：设计悬念、情感的气氛和 Oh my god 精彩时刻。更加重要的是，客户关心你的内容，关心你讲故事的方式和情感，因为故事本身就是一个和客户交互情感的表达方式和形式。

绝对成交的ABC法则——always be closing

ABC:Always Be Closing（最终成交法则）。

顾客为什么会购买一款产品？答案其实很简单，任何人做任何事情，其决策逻辑一定离不开三重核心推动力：动机、信念和行为。如果从顾客购买的角度而言，我们可以用更加通俗易懂的方式来表达：任何顾客之所以会购买某样东西，其背后所有的逻辑决策，说透了只有以下三步。

第一步，我想要。

第二步，我害怕。

第三步，我决定。

从销售行为、客户决策和成交心理学的角度而言，这是客户的决策逻辑和框架。接下来，我分别对这三步进行逐一的阐述。

我想要

1. 动机

动机就是一种技法行为并使之指向某一目标的心理趋向或内部驱动力。动机在心理学中属于心理状态。美国心理学家伍德沃斯1918年最早应用于心理学，被认为是决定行为的内在动力。动机具有以下三个方面的功能。

• 激发功能，激发个体产生某种行为；

• 指向功能，使个体的行为指向一定目标；

• 维持和调节功能，使个体的行为维持一定的时间，并调节行为的强度和方向。

依据动机的源起，可分为生理性动机和社会性动机，前者与生物体的生理需要紧密相连，后者与生物体的社会需要相联系。而依据引起动机的原因，可分为内在动机和外在动机，前者由生物体自身的内部动因（如激素、中枢神经的唤醒、理想、愿望等）导致，后者则由生物体的外部诱因（如异性、食物、金钱、奖惩等）导致。

2. 动机与需要

动机一定是建立在需要的基础上产生的。当人的某种需要没有得到满足时，它会推动人去寻找满足需要的对象，从而产生寻求满足需求的动机。例如亚伯拉罕·马斯洛把这些需求的先后顺序描述为需求的层次：首先，在这个金字塔的底层是生理需求，比如对食物、对水和对药品的需求，只有这些需求得到满足，才会被激励去满足安全和归宿的需求；其次，是尊重的需求、自我实现的需求和自我超越的需求。

比如在2020年春节前发生的新冠肺炎疫情，由于防疫的需要，必须切断传播的途径，所以疫区的居民需要被隔离在家，而隔离后首先产生的就是最基本的生活需求，水和食物是最底层的需求，在这个时候，自备的药品也是保障人的生命安全的最基本的需求。

3. 动机与目标

目标是个体努力要达到的具体标准或结果，动机必须有一个清晰的目标，这个目标将会引导努力的方向和投入的资源。个体对目标的认识，导致由外表的诱因变成了内部的需求，并形成推动力，推动目标的达成。

比如孩子的教育，主要由家庭教育和社会教育两部分组成，而学校作为社会教育非常核心的组成部分，一旦孩子到了一定的年龄就必须进入学校系统学习知识，这个进入到学校就是孩子和家长的一个阶段性的目标。正是因为这个目标，我国的教育体制内，就有了幼儿园，它是为小学教育奠定良好的基础。

我害怕

1. 恐惧症

恐惧症（phobias）主要表现为对特定的事物、行为或者情景的焦虑。恐惧症是一种干扰个体正常行为的不合理害怕，是一种很多人都无法接受和容忍的常见的心理障碍。比如有些人对高度，有些人对速度，有些人对血液，有些人对密集型的事物表现出了不合理的恐惧。

当未知的事情在无法预料或者无法掌控的情况下发生时，焦虑和恐惧就会出现。恐惧产生时，常伴随一系列的生理变化，如心跳加速或心律不齐、呼吸短促或停顿、血压升高、脸色苍白、嘴唇颤抖、嘴发干、身冒冷汗、四肢无力等生理功能紊乱的现象。另一方面，恐惧会使人的知觉、记忆和思维过程发生短暂障碍，失去对当前情景分析、判断的能力，并使行为失调。

2. 如何克服恐惧

恐惧是人类自身对事物的不了解、不确定而产生的。如何克服恐惧？第一，提升对事物的认知能力，比如学习和观察他人面对恐惧时候的反应；第二，培养乐观的人生情趣和坚强的意志，提升对恐惧心理的抑制作用；第三，加强心理训练，提高各项心理素质。

可进行危险情景模拟训练，设置各种可能遇到的情况，进行有针对性的心理训练，形成对危险情境的预期心理准备状态，如消防的逃生演习、紧急时刻的医护救援等。

我决定

决策心理学是指研究心理现象及其规律在决策过程中的作用和影响机制的科学。行为决策理论（Behavioral Decision Theory）是从组织行为学的角度探讨决策过程的理论。最早出现于巴纳德、马奇、H. A. 西蒙和塞厄特等人关于个人、团体及组织的理论中。其理论的主要前提是，决策是组织中行为及绩效的基本过程。

决策心理学的研究具体包含两方面内容。

其一，行为决策理论：最大期望效用理论、客观理性决策理论，连续有效决策理论等。

其二，影响决策行为的因素：探讨心理现象与决策行为之间的关系，如情绪、个性、动机、态度、环境等对决策行为的影响和作用。

那影响决策的思维方式有哪些呢？

1. 社会认同心理

从众是指根据他人而做出的行为或信念的转变；社会认同

理论是亨利·塔菲尔、约翰·特纳等人提出并加以完善的。社会认同理论认为：社会认同由类化、认同和比较三个基本历程组成。类化指人们将自己归属于某一社会群体；认同是认为自己拥有该社会群体成员的普遍特征；比较是评价自己认同的社群相对于其他社会群体的优劣、地位和声誉。透过这三个历程，人们抬高自己的身价和自尊。

下面我们举一个喜茶的案例。

2012年，喜茶（HEYTEA）起源于广东省江门市一条名叫江边里的小巷，喜茶为芝士现泡茶的原创者。自创立以来，喜茶专注于呈现来自世界各地的优质茶香，让茶饮这一古老文化焕发出新的生命力，每一个喜茶店门口长达数十米的排队现象屡见不鲜。从社交平台上晒图打卡到现象级排队，从一杯茶饮演变成年轻人的一种生活态度，"喜茶"代表的一类新文化方式，正在快速蔓延。

为什么排队？为什么排这么长的队？这些消费者真的很喜欢吗？这些消费者真的很有时间吗？也对，但是不全对，更加重要的是社会认同，因为喜茶代表了一种生活态度，喜茶有着年轻、独一无二、潮流、与时俱进等标签和属性。说白了，年轻人你不知道喜茶，你不知道芝士现泡茶，你不知道芝士莓莓、多肉葡萄、满杯金菠萝，你就 out 了。

为了一次排队，为了一次消费，你愿意吗？当然愿意去排队，然后最最关键的是要拍三张照片晒朋友圈，因为喜茶更是一种社交货币。第一张是排队的照片，可以讲述一个"我在这里，我也很潮"的故事；第二张是饮品的照片，可以讲述一个"我喜欢这个口味，朋友圈的朋友们，你们觉得如何啊"的故事；第三张是你在喜茶店的照片，可以讲述一个"网红打卡，我在了，你来吗"的故事。

2. 参照对比效应

社会认同理论中，比较是评价自己认同的社群相对于其他社会群体的优劣、地位和声誉。你有没有发现自己曾经有过撞鞋的经历。当你终于下定决心，网购了一双 AJ 球鞋，店家还告诉你说是限量版哦，当你好不容易挤上地铁到达办公室，感觉到办公室的同事都投来了不一样的眼光，那羡慕嫉妒恨简直了。突然一双几乎一模一样的球鞋映入眼帘，除非独特的眼光，否则根本无法分辨其实 Nike 的钩钩颜色不一样，其他几乎一模一样，你瞬间泪奔。

人们天生就喜欢与众不同，天生就喜欢对比，而"对比"很大程度上影响了我们的决策，与此同时，人们也是以你最独特的特质来形容和描绘你。我们感知世界的方式可能会导致刻板印象的产生，只有独特的人，生动或者极端的事件往往能够吸引他人的注意力。

我想要、我害怕和我决定，是一种普适性的行为决策流程，对客户心理的活动有了简洁、形象和生动的刻画，有助于销售人员对客户心理状态的把握。

ABC:always be closing——最终成交法则

最终成交法则也可以翻译为开始一件事情，就必须终结一件事情。而在销售流程中，可以直译为假设成交法，假设成交法作为一种销售人员常用的销售技巧，由于其应用场景非常广泛，易操作和掌握，是一种很好的 close 客户的销售技巧。其核心价值主要体现在以下三点。

1. 速度提升——加速推进销售进程

销售是一个流程，也是一个循序渐进的过程，因此销售的推进速度是销售人员的推进和客户的决策系统交叉相互作用的结果。与此同时，从外部的竞争环境的角度而言，客户往往会寻求更多的供应商和更好的解决方案，所以势必会面临多个竞争对手的竞争。

因此决策的速度极其重要，正如《孙子兵法·作战篇》所言：兵贵胜，不贵久。意思是作战最重要、最有利的是速胜，最不宜的是旷日持久。销售的过程又何尝不是如此？如果客户一直在跟进之中，没有任何的进展，完全被客户所主导失去了控制权，这是销售人员的大忌。

而采用 always be closing 的最终成交法则，以结果为导向，以成单为目的的逼单方式一方面可以充分保持和客户的接触，及时捕获客户的状态，另一方面对销售进程推动无疑是快马加鞭的。

2. 以终为始——反向思维

史蒂芬·柯维在其著作《高效能人士的七个习惯》中提出的第二个习惯就是：以终为始。史蒂芬·柯维对以终为始的阐述是：所有事物都经过两次创造，先是在脑海里酝酿，其次才是实质的创造。个人、家庭、团队和组织在做任何计划时，均先拟出愿景和目标，并据此塑造未来，全心专注于自己最重视的原则、价值观、关系及目标之上。

领导工作的核心就是在共有的使命、愿景和价值观的基础之上，创造出一种文化。从思考方式和思维的模式的角度上来讲"以终为始"思维是一种反向思维方式，就是从最终的结果出发，反向分析过程或原因，寻找关键因素或对策，采取相应策略，从而达成结果或解决问题。

3. 效率优先——让反对意见尽快露出水面

销售的过程就是一个客户不断提出反对意见，而销售人员不断解除销售异议的过程。通常情况下，客户在与销售人员的信任关系没有建立起来的时候，客户是不会轻易透露他的想法甚至是底牌的，这需要销售人员不断地去挖掘客户的反对意见，并且和客户进行确认达成一致。否则，销售人员面对客户不签单无计可施，干着急。

所以，我们必须采取主动，并且用非常合适的方式和方法来挖掘客户的需求和反对意见，而 ABC 法则提供了一个很好的工具和技巧，不断向客户表达成交的意愿和想法，通过这种方式来挖掘出客户的反对意见，再来逐个击破，从而让客户的真实意图逐步浮出水面，这样才可以推进下一步的销售过程，提升客户拜访和谈判的效率。

因此，ABC:always be closing 最终成交法则教会了我们一个非常简单又有效的技巧，以成交为目的的销售实践活动，才是一种有效的销售实践，才是一种以终为始的法则，才是一种正确的销售姿势，才是一种聪明的销售策略。所以，我们必须掌握。

快速成交的3F经典法则

销售3F 经典法则：

3F 即感受（Feel）、觉得（Felt）、发觉（Found）。

3F 成交法是指在与客户进行交流的过程中，当我们遇到客户提出否定或迟疑不做出购买决策时，销售人员应先对客户的感受表示理解，再用自己或其他用户的真实案例，来对潜在客户进行说服，然后再列举一些事例，说明其他人刚开始也是觉得如此，但在他们使用产品之后发觉非常值得的一种促成成交方法。

使用方法如下。

•feel 感受：先对客户当下的感受表示理解，用同理心和共情来贴近客户心理，拉近与客户的距离。

•felt 觉得：列举成功案例来阐述潜在客户与其他用户使用

之前的认知和感受。

•found 发觉：峰回路转，紧接着再次说明当其他用户使用了产品之后发觉非常值得。

将方法融入一段话：

苏女士，您好！一开始，我也是因为这款卸妆水是新品牌刚上市，且价格还不贵，我就在想"便宜没好货啊"，所以我心里也没有底，但是转念一想，卸妆水每天都必须用的，而且价格也不贵，于是我就抱着试一试的心情买了一瓶。刚开始使用时没什么感觉，可到了第四天的时候，明显感觉擦拭得很干净，而且对皮肤一点刺激都没有，感觉像水冰冰地划过皮肤。最重要的是第二天早上皮肤很湿润，不干燥，所以啊，我才放心地推荐给您。再加上您啊，是老顾客了，我每天都在这里上班，不是好的产品，我绝对不敢推荐给您。您如果用得不开心，直接找我，我给您退款。

试问一下，这种情况下，哪位顾客还不会购买你的商品？

3F 成交法则最核心的是商品或服务的品质，必须是得到保障的，这才是取胜之道。与此同时，同理心和共情是每一个销售人员的必修课。首先，必须把握住客户的心理，以上面举例的卸妆水为例，卸妆水是必需品和消耗品，况且这款卸妆水价格还便宜，这是吸引客户驻足停下来思考的主要原因。其次，客户只是想知道效果好不好，即这款卸妆水卸妆快不快、对皮肤有没有刺激性作用、第二天早上起来皮肤是否干燥等。

正是因为我们充分地把握了客户的这种心理，才对此有了充分的准备，加上自己确实有使用的体验，而且体验的结果是非常棒的，又让销售人员有了充足的理由和信心，因此销售的说辞是顺理成章、一气呵成。

3F 操作的经典之处：以情感切入，用同理心来拉近与客户的心理距离，然后再用理智的结果来对商品或服务的质量进行验证，最后用一个退换货来彻底打消顾客的疑虑。

我们再以电商的线上服装购买体验为例。很多的时候，我们可能没有见过实物，要做出购买的决策，自然是心有余悸的。比如，面料是否舒适？颜色是否和图片上一致？是否有残留的线头等？针对消费者的这种顾虑，电商平台做了以下三步：第一步七天无理由退货；第二步用非常低的价钱可以购买退货运费险；第三步如果商家与消费者发生纠纷，平台先行垫付。通过这三步，完全打消了消费者的所有顾虑，购物无忧。虽然电商平台的购物和现实的人与人面对面的场景有差异，但是在提供购物保障方面，不可置疑，绝对是大师级别的操作。

3F 销售技巧的特点是简单、直接易操作，用那句俗话讲：

浓缩的都是精华，小是小，性能好。它是一个典型的以成功故事逼单的技巧，适用于产品或服务对消费者有明显价值的商品，尤其是低值易耗品和家居用品。

销售技巧之真心话大冒险

情形一：在线下实体的商店里

假设你要去运动用品专卖店买一双跑鞋，进店门之前，你本打算着"要是看到好看的或者喜欢的，预算在1000元以内，就买下来"。结果你前脚刚踏进门，店员后脚就凑了上来，亦步亦趋，紧跟着你，当你在突然站住，拿起一双漂亮的运动鞋，"请问您穿多大鞋码，可以穿上试试？"店员笑脸盈盈地问道。

说实话，你肯定会觉得很烦吧？你想静下心来慢慢挑，于是就会这么回答——"哦，我只是随便看看"。

其实你是专程来买跑鞋的，但你害怕被烦人的店员缠上，就顺口撒了谎。这种情况还是挺常见的吧，谁都不想听"滔滔不绝的推销"，因为过去的经验告诉我们，要是老实交代"我想买跑鞋"，店员肯定会缠着你不放，到时候还不被她烦死啊？于是你就灵机一动，敷衍过去了。

要是你经不住店员的死缠烂打和三寸不烂之舌，不情愿地买下了她推荐的商品，事后怕是会追悔莫及吧？反之，要是你听店员推销了半天，最后却没有买，你也会有种"对不起人家"的负罪感。为了避免这些麻烦，你就下意识地防患于未然了。不说真心话，其实是一种自卫行为，也是一种保护双方安全的心理状态。

情形二：询问客户时

接着上面的跑鞋购买的情形，无论是款式、颜色，甚至试穿后的脚感都非常好，无法接受的是价格超出了预算，达到了1260元。

店员："我看这个颜色和款式都挺好，这也是我们今年春季的新款，特别适合您。"

你："嗯嗯，我感觉也还行吧！"（担心被再次推销）

店员："您看，难得您喜欢，刚好我们店庆有促销，新货9折优惠，总价1134元。"（折扣逼单）

你："不错啊，看来我运气还挺好的，居然有优惠。"

店员："是啊，刚到店的新货，机会难得，并且还是限量版。"（资源稀缺性逼单）

你："（特别想买，无奈确实有点小贵）我刚才试了一下，觉得我的脚弓比较高，好像有点紧。"（开始找理由拒绝了）

店员："哦，这样啊，你可以把鞋带系松一点，或者我拿一双更大码的给你。"

你："没事，我再看看其他的，你忙你的吧，谢谢啊。"（逃之夭夭）

在这里，我们撒谎或装傻，是为了给自己找一个理由，找一个台阶下，避免被推销、被 close，尤其是在购买的商品或者服务超出了自己的心理价位或者实际需求时，这种情况特别容易出现，最为关键的是，我们选择了一个成本最低的解脱方式。

情形三：电话预约客户时

还有一种情况会经常遭遇"谎言"，那就是打电话预约客户的时候。

销售员在开拓新客户时，需要先打电话过去，约一个见面时间，我们称为电话预约。电话预约的难度非常高，为什么呢？因为大多数人的第一反应是拒绝。打100个电话，能约到5个人就算不错啦。所以打电话约人很耗费销售人员的精力，还会让人产生挫败感。

下面是一段电话预约的典型对话。

销售员："您好，我是 ×× 公司的 ××。请问贵公司的总经理在吗？"

总经理助理："请问您有什么事吗？"

销售员："是这样的，我想向总经理介绍一下我们公司的新产品。"

总经理助理："哦，不好意思，我们总经理刚好不在，出去了。"

销售员："是这样啊，那您知道他什么时候回来吗？"

总经理助理："不知道。"

销售员："哦……那您可以告诉我总经理的手机号码吗？"

总经理助理："对不起，总经理的私人电话号码没有得到总经理的容许，是不可以告诉你的。"

在销售实践中这种情况应该说是经常发生，屡见不鲜，大家有没有在上班的时候接到过这样的推销电话呢？要是电话来的时候，你正忙得不可开交，那就更没好脾气了或者是直接拒绝接听。

在工作的时候接到这种电话，听电话销售人员莫名其妙的介绍，实在是一件让人心烦的事情。更让人不爽的是，电话会打断你的注意力，妨碍你专心工作。

正因为如此，接电话的员工才会骗你说"总经理不在"，这也是一种"自卫"行为。

销售人员就这么被挡了回去，别说是问出真心话了，连个交谈的机会都没有，这还怎么做生意啊？

不说真心话源自客户的自卫心理，人们不愿说真心话的原因，不仅是怕被纠缠，同时也担心上当受骗。

怎样才能问出他的真心话呢

不说真心话，是因为没有遇到对的人，没有建立信任关系。潜在客户不愿意说真心话，不外乎以下三种情况。

- 安全和自卫心理；
- 对推销天然反感；
- 负罪心理。

在这3种情况下，就算你不想骗人、没有恶意，也会不由自主地说谎。谈生意时会牵扯到各种利害关系，戒备心理也就变得更强了，所以在这种情况下，人们就更不愿意说真话了。请大家先牢记这一点。

但是，不说真心话并不是人们的本意。因为从投入回报来讲，当你说了一个假话，你需要用另一个谎话来进行解释说明，这样就会消耗大脑更多的能量，大脑会启动防御机制，所以会尽量减少说谎话的机会。

人们其实是很想说真心话的，遇到合适的人，遇到对的人，就会有一种想倾诉的心理，不愿说、很想说这两种行为看似矛盾，但都是人类的本能。所以，大家都在寻求能听懂自己真心话的人。读懂他人的真心很难。你觉得难，大家也会觉得难。

要是你能非常巧妙地问出别人的真心话呢？你就会减少沟通的时间成本，拉近双方的距离，建立信任关系，受人瞩目且赢得他人的信赖，在销售实践中也能呼风唤雨。大家可以结合自己的亲身经历，多多对比，多多反思。接下来和大家分享：如何让客户说真心话的说辞技巧。

我们首先来看一项专业的科学研究成果：来自美国加州大学圣塔芭芭拉分校（UCSB）的一项研究表明，快问快答得到的往往是一个符合社会期望的答案，而不是被试者真实的想法。相关论文发表在美国心理科学协会期刊《心理科学》上。"这可能意味着我们必须重新审视许多使用'快问快答'技术的研究"，Protzko 总结道，在时间的压力下，人们可能会默认自己表现得很善良，即使这意味着要歪曲真实的自己。所以，说真心话是人的大脑运行机制，而时间限制、自我认知和说谎的成本是决定客户说真心话的三个主要因素。

过去，现在，未来

关于让客户说真心话，我们可以从三个时间维度上做文章。

1. 针对过去的问题

为什么针对过去的问题容易让人打开话匣子呢？因为关于记忆在人的大脑中就是一个提取的过程，所以过去的问题比较容易回答，只需要稍微回忆并表达即可。回忆过去比想象未来容易得多，这两种行为用的是不同的大脑运行机制。回答有关过去的问题，几乎不费脑子。当然，要是你问的事情实在太久远，那顾客就不太容易想起来了。但如果是不久以前的事，一般人总能轻而易举地回忆起来。针对过去的问题非常简单，回答问题的人也不用绞尽脑汁。换言之，问这种问题不会给他带来压力。

当然，针对过去的问题，几乎让客户没有说谎的机会，所以从心理建设的过程而言，客户一开始就进入了说真话的节奏和轨道。在言语的交互过程中，随着双方的信息不断交互，神秘的面纱逐步揭开，安全感就会慢慢建立起来。这是一个典型的心理建设的过程，缓慢而有力。与此同时，在关于过去对话刚开始的时候，最重要的技巧就是保持对话的节奏，最好是"你一句，我一句"，像打网球一样，你来我往，这才是理想的互动。

对话模式如下。

销售人员：张总，百闻不如一见，之前就听说您的公司在行业内口碑很好，客户的满意度也很高，果然如此，您能给我介绍一下企业的发展历史吗？

客户：好啊。（从此滔滔不绝，一发不可收拾。）

2. 针对现在的问题

针对过去的问题，有助于打开心扉，建立信任，并且引出他真实的回答，下一步就是将过去与现在巧妙且顺滑地连起来。有了前面针对过去问题建立的心理建设和信任基础，针对现在的问题就是从客户的现状了解出发，仔细地询问客户的现状、客户的需求和客户目前遇到的问题。

针对现在的问题，策略是，尽量让客户说，说得越多越好，越清晰越具体越好；销售人员的角色就是提一个问题，然后静静地听；当然不是只带着两个耳朵听，要用心聆听。用心聆听的意思是：要学会分辨客户表达的含义，最最重要的是听客户没有说出来的意思，就是我们经常所说的话外音和出发点；然后对接收到的信息进行清洗和分析，并形成对客户、对客户需求和对客户目前状态最准确的判断，以便于下一步的行动。

对话模式如下。

销售人员：张总，哇，听您一番话，让我深有感触啊，看来外界所言不虚，但是也不够全面啊，接下来，要不，您给我介绍一下您目前的情况吧？

客户：好啊。（从此滔滔不绝，一发不可收拾。）

3. 针对未来的问题

针对未来的问题，直白地说，就是客户希望看到问题解决后的场景。客户既然有需求，那么他对未来就一定会有一个清晰的规划和期望值，而且客户才是真正了解他企业内部的运转机制和面临的实际情况。当然优秀的销售人员，也可以利用自己的专业本领和其他客户的成功故事，帮助客户望闻问切地把脉和诊断，从另外的角度和视角，提出建议，这通常是客户最喜欢的方式，这也正是销售人员专业性和价值的体现。

在这里有一个技巧，就是一定要非常仔细认真地让客户全面和系统地描述未来，甚至是每一个细节，细节越清晰，你的解决方案将会越有针对性，并且在解决方案的实施过程中，要特别注意细节的处理。

与此同时，销售人员要特别关注的是，很多经验不够丰富的菜鸟销售人员为了尽快签单拿结果，经常不经意过度承诺。过度承诺是指对价格的承诺，比如最低或者最优惠的价格，除非你有十足的把握；对产品或服务内容的承诺，比如药品疗效的夸大，对实施后结果的承诺，比如在客户面前拍着胸脯说，一定没问题，效果有多好。

我们不是不敢承诺，也不是对自己的产品或服务没有信心，只是在每一个解决方案实施的过程中，由于每一个客户的实际情况不一样，客户的投入也不一样，客户的执行力也不一样，客户的团队水平也不一样，结果难免会和当初的设计有些偏差，当然也有可能是超出期望值。当然这一切都是建立在对公司、对公司提供的产品和服务有信心的前提下，否则千万不要夸夸其谈过度承诺，这是一个巨大的坑，因此管理好客户的期望值是普通销售人员和优秀销售人员的巨大鸿沟。

　　对于潜在的客户或者消费者而言，在与销售人员的互动过程中，销售人员通过各种手段和技巧，影响购买者的决策；而潜在客户和消费者几乎是处于被推销的状态，总是有逃避和规避风险的心态。这个时候真心话简直就是一场冒险，试想一下，我们在什么时候会选择冒险？对于潜在消费者而言，这种不顾危险、不计后果，为满足需要，达到某种目的的行为必须有强大的动机和利益驱动，所以从这个角度而言，销售是一项创造性的需要有高超说服技巧的实践活动。

"接下来，下一步"成交模式

在大部分魔术表演中，魔术师在一开始就变了"戏法"。接下来，魔术师的表演就是为了让观众忘记他做过什么。然后，所谓的奇迹就在最后一刻发生了。

——魔术师 约瑟夫·邓宁格（Joseph Dunninger）

"下一步"模式

在实际销售流程中，你可能要和潜在客户开上八次或者十次甚至更多次会议，你可能要面谈三五个关键人，甚至是一个采购决策团队，但在每个阶段都非常重要的是，你必须在头脑中为每次会谈或者会议设计基础目标和最高目标，以及最低限度可接受的"下一步"。

可是在实际的销售实践中，令人吃惊的是，那么多的业余销售人员在头脑中对即将到来的见面、会谈和会议并没有任何目标或目的，更不用说提前考虑下一次会议的时间、参与者和会谈内容了！

之所以这么做非常重要，原因在于做出决定，对绝大多数人来说是一件让人担忧的事，让人充满了焦虑，让人感受到不安全。我们以最常见的点餐决策为例，当你和同伴进入餐厅在椅子上落座，服务员送上菜谱，然后等待你点餐。你的第一个动作一定是将菜谱从头至尾看一遍，除非这是你熟悉的餐厅，里面有你心仪的菜品，否则你一定是这样。

在不断翻看菜谱的过程中，你还要照顾你对面的同伴，不断咨询他：想吃什么啊，有什么忌口的吗？羊肉还是牛肉，鱼还是鸡肉？想吃什么青菜，想吃什么主食？想喝点什么吗，想吃什么甜品？

来来来，我们重现换个场景，当你落座，开始点餐之前，服务员看你翻来翻去，迟迟没有点菜。如果这时候，服务员开口说："先生，我们这里的特色是鱼，我们的鱼都来自查干湖，都是纯天然野生的有机鱼，也是我们这里必点的主菜。另外，今天刚好到了一批宁夏的滩羊，肉质鲜美。我们的做法也非常特别，厨师特别加入了来自新疆的香料，味道特别鲜美。青菜我推荐给您这个季节的时令菜，清热解毒还爽口。主食推荐给您我们这里山西面点师傅的大四喜套餐，包您吃得饱吃得开心……另外，今天百威啤酒在我们这里做活动，买一送一。"

作为一名自信而且专业的销售人员，你的任务是在面谈中以客户可以接受且熟悉的方式提出建议，然后告诉潜在客户下一步应该做什么，并说服他们同意这么做。在进行每个"下一步"时，你必须清楚这次会议的目标，以及你能接受的最差的"再下一步"是什么。

通常，当我问一个销售人员他们约好的一次销售面谈有什么目标时，他们往往异口同声："当然是要签合同啊，要不然费老大劲约客户见面干吗？"Oh my god，这就是销售之神，所谓的要么不出门，出门必签单。很遗憾，这样的人在我过去20年的工作经历中，从未出现。我建议你也不要痴心妄想，踏踏实实回到现实的销售过程中来，除非你的产品是市场上独一无二，而且质优价廉，无法替代，否则，你必定需要经历好几个销售步骤或面谈，才有机会与潜在客户签订合同。

要是把销售作为一门科学来看，在100次的销售面谈中，大概率只有20%也就是20次有下一步的面谈机会，而在这20%的下一次面谈中，有3～5次可以转化为签单，这就是销售。销售就是一次大概率的客户搜索实践，我建议你可以去看我的另外两本书《快速签单》和《销售人员的自我修养》，并且结合你所在的行业、公司和销售的产品或服务，相信你会得到更加清晰的结论。

"下一步"策略

亚利桑那州立大学的罗伯特·西奥迪尼（Robert Cialdini）教授在他2003年的著作《影响力》（Influence）中指出，人们会受到六个基本原理的影响去做一些本来抗拒的事。这些原理分别是"互惠原理""权威原理""承诺和一致原理""社会认同原理""稀缺原理"和"喜好原理"。在他的书中，每个原理都佐以丰富的例证来加以描述和说明，这本书对于销售人员而言，非常实用而且可操作性非常强，难能可贵的是这本书会激发你的创造力，让你在销售实践中，创意十足。接下来我们介绍六个基本原理中的承诺和一致原理，因为这就是实施下一步最好的策略和技巧。

承诺和一致原理的基本信条是，如果一个人在众人面前承诺会做某事，那么他有80%的可能性去做并且做到这件事。优秀的销售人员可以将这个人的承诺与一个具体日期和时间联系在一起，承诺和一致原理就会特别强大。这个技巧的核心关键点是承诺的事情一定要是符合smart原则——有时限性，具体的，可以量化的，可以衡量的和与销售结果直接相关的。承诺和一致性原理如此有效的原因在于，从社会心理学的角度来讲，我们每个人内心深处都希望被别人看作可以合作和可信赖的人。在你离开办公室去往客户的路上，请认真仔细地想清楚，你如何才能够让客户亲口说出他的承诺，也就是你们之间的下一次。简而言之，"下一步"就是一种经过验证的方式，能够利用人类的承诺一致性心理来对销售过程进行最大程度的掌控。

下一次策略是一个简单易行且对销售流程的推荐非常有价值的思维方式，它推动也要求着每一个销售人员每一次的拜访都必须是经过精心的设计且以目标和结果为导向。销售土话：狼行千里吃肉，狗行千里吃屎，活鱼逆流而上，死鱼随波逐流。大意是：狼每次的出击都是有目的的，在遇到逆境的时候会不屈服于环境，不顾一切猎取食物；而狗只会在遇到逆境的过程中摇尾乞怜，依靠他人的施舍，最后因为没有食物而艰难生存；活鱼为了生存会不断往上游游，因为上游的水更清澈，没有污染且更有养分，更能存活；而死了的鱼死因绝大多数是不能摄取到更好的养分，而被活活地饿死在了水中。

引申的含义就是说人一生都会遇到困难和逆境，但遇到困境时不能轻易放弃，应该为了目标加油前进，并且在逆境中才能不断地锻炼自己，获得更好的自己。如果在逆境中不思进取，沉沦下去，最后无疾而终。销售其实就是典型的丛林法则，狼多肉少，只有对客户的掌控程度越来越高（这就是销售成功法则中的"控制"，控制流程和控制客户，从而带来你事先设计好的结果），你才能大鱼大肉，不至于流浪街头。

笔者建议：请将"接下来""下一步"作为销售人员自己的口头禅，形成习惯，变成固定的行为，从而修炼成一种销售冠军的特点和气质，最终将会形成固定的思维模式，而这种思维模式无论在销售实践中还是日常工作和生活中，都将会给你带来意想不到的惊喜。相信自己，一定行!

重磅出击——销售解决方案

　　企业的目的就是吸引并且留住顾客。如果不能吸引一定比例有购买能力的顾客，企业就不可能存续。顾客为了解决自己的问题，总是有许许多多的选择，而他们购买的其实不是产品，而是用来解决问题的方案。企业只有不懈努力，帮助顾客更好地解决问题，也就是为他们提供更加出色的功能、更高的价值和更加便利的服务，才有可能生存和繁荣。

　　　　　　——现代营销学奠基人《哈佛商业评论》主编　西奥多·莱维特

　　作为销售负责人或总裁时，每次我与销售人员约谈，询问是否有为客户提供独特的个性化定制的解决方案，得到的答案总是：Yes。但是当我再次询问他们到底为客户提供了什么样独特的解决方案时，每个人的回答都是依据自己的理解和客户口中的需求，简直是五花八门。解决方案这一词已经脱离了其本身的含义，因此当销售人员在客户面前夸夸其谈自己提供的解决方案时，客户往往当成是耳边风，听听就算了，并没有真正思考和放在心里，因为在客户看来，这只不过是经过精心包装的一种推销手法和营销宣传手段而已。

解决方案的第一层次的定义应该就是问题的答案：不仅仅客户需要承认问题的存在并且是痛点，客户和销售人员还要在问题和答案上达成一致，所以解决方案首先必须是双方在认定的基础上找出的共识答案。

除此之外，解决方案必须能够数字化或者量化，道理非常简单，因为如果无法数字化和量化，你便无法改善和衡量。我所谓的可数字化的可改善之处，是指改善之后相比改善之前有大幅度和直观的改善空间和改进结果。因此，我们就对解决方案有了第二层次的定义：双方在认定的问题上能找出达成共识的答案，而且答案必须能够体现出可以数字化或量化的改善之处。

在今天近乎白热化的竞争激烈的销售世界，销售人员主要的目标是赢得订单并帮助客户成功；若你能够先入为主，设定需求，引导客户让自己成为首选，那么销售成功的机会将大大增加。

解决方案销售原则：在整个销售流程中，客户并不会完全跟随你的思路、方案、标准和流程，而是常常会因为追求当下利益，或者被你的竞争对手成功洗脑。这个时候，销售人员要特别小心翼翼地引导客户进入你设定的独特节奏，开始构建解决方案，以求达到你当初设定的目标和结果。解决方案的核心内容包括以下五个方面。

- 客户潜在的痛苦／承认的痛苦；
- 实施解决方案后的场景；
- 解决方案的价值主张；
- 实施步骤／投入资源／投入产出比；
- 风险点的预判和控制。

解决方案的核心内容：客户的潜在痛苦和承认的痛苦

客户因为痛苦并且希望解决问题，找出答案。很多时候，客户无法描述他究竟哪里不爽，但是又总觉得事情不应该是这样的，希望有一个望闻问切的机会来进行诊断。总而言之，凡是未寻找问题也未积极设法解决问题的客户，皆处于潜在痛苦阶段。

购买者之所以处于此层次需求，有未察觉和过于掩饰这两个主要原因。未察觉是指他们尚未发现问题；过于掩饰则是指他们知道问题所在，但不太相信真的有解决方案存在，或者之前想过办法解决但是没有结果。此层次的客户常常是因为解决方案过于昂贵、复杂或者存在风险为借口不购买。无论是未察觉还是过于掩饰，此层次的客户都在忍受着与问题并存的痛苦，其实大多数情况是可以解决的。

　　针对这个阶段，销售人员的关键行动是帮助客户了解并且承认他们的问题。我常常告诉销售人员，如果客户不知道自己正在遭遇的问题是可以由销售人员提供的产品或服务解决的，那么首先必须向他们说明问题本身，而不是产品或者服务。

　　承认痛苦的客户愿意讨论现状中的问题、困难或不满。购买者承认问题的存在，但不知道如何解决？在这个层次的客户会把问题告诉我们，但不会采取行动。在潜在痛苦层，身为销售人员，任务是让客户感受到问题的存在；在承认痛苦层，销售人员的任务是证实他们的痛苦，并指引他们走向解决方案构想。

　　解决方案的核心内容——采用解决方案后的场景，优秀的销售人员为实现一些非常美好的目标而努力，他们的目标是非同凡响的，他们雄心勃勃，乐观向上，有远见卓识；他们会激励客户的利益相关人员，并且邀请他们加入一个共同的事业，销售人员要描绘一幅令人信服的未来美妙画卷。

　　销售人员要学会唤醒他人，让他们做一下有意义、价值非凡且对公司生死攸关的重要事情。卓越的领导者不会把他们对未来的愿景强加于人，而是把追随者心中魂牵梦萦的愿景释放出来，优秀的销售人员理应如此。当销售人员把客户最关心的事情和变革的逻辑案例用情感编织在一起时，你就激活了愿景。通过具象化，你让愿景有活力。为了达到这样的目的，销售人员需要使用象征性语言在大脑中创造出一种图像，让人感觉很熟悉，由此让愿景看起来更加真实。销售人员可以通过讲故事和分享美妙瞬间的方式阐述愿景，并提供成功的案例和证明材料，将业已证明的事情和未来的愿景关联起来，所有这些做法，都是为了帮助客户更好地想象未来。

下面，我们再来讲一下关于解决方案的价值主张。

价值主张从定义上来讲是指对客户来说什么是有价值或有用的，销售人员要罗列解决方案的全部优点、宣传差异化、突出共鸣点和相对优势。很直白地说，就是你能帮客户解决什么问题，客户从解决方案中得到什么好处或者益处，并且这个价值主张相比竞争对手的解决方案有明显且客户认同的优势。

与此同时，优秀的销售人员蓝图可以很美丽，梦想可以很远大，但是改善行动要从小处着手，与客户一起会沿途设计每一个成功里程碑，衡量项目的进度，并且不断推动项目的进展。优秀的销售人员会与客户一起为各种成功和进步举行庆祝活动，从而创造成功的势能和心理优势。小小成功被定义为"一项具体的，已经完成的或实施的较重要的工作"。小小的成功让大项目看起来更加可行，因为它将减少尝试的风险并且降低失败的成本。一旦人们获得小小的成功并有了成就感，便会激发出一种自然的力量，帮助人们提升信心，克服困难，取得胜利。

作为优秀的销售人员，你很清楚客户小小成功的好处，客户成功一小步，销售成功一大步。客户做出的每一个微小承诺，比如调研你的公司、试用你的产品、接听你的电话、接受预约面谈、回答你的问题、观看你的演示、认可你的解决方案，对你来说都是一个小小的成功。每一个进展都会让你感觉到成功并激发你的动力，让你一步接着一步走下去，直到达到成功。

逼定——销售技巧大杀器

逼单，笔者在接触到销售工作时，天真地以为，销售嘛，就是出去跑客户、签单、拿钱回来领奖金啊，这也许就是我们所谓的逼单吧。这种理解现在看来，有些天真有些好笑，但是时至今日，这种观念依然存在，无他，这就是一个销售人员不断学习和成长的过程；再者，也并无不妥之处，只是看法稍显片面和极端，简单粗暴了点。

时过境迁，客户的规模、类型、需求，关键决策人的类型、性格和诉求，以及外部的竞争对手和竞争环境都是变化多端的，所以对销售工作提出了更高的标准和要求，要求全体的销售人员更专注、更专业和更能够站在客户的角度来思考问题，为客户提供解决方案，提供价值，而不是简单粗暴地出去跑客户、签单、拿钱回来领奖金。这已经过时了，也无法适应今天的环境了。

因此，销售应该独立成为一门科学，销售学不应该归纳在市场营销学中，类似偏房一样的存在，这是不符合时代的要求和现代文明的发展的。与此同时，我们广大的销售人员要为我们自己的事业、自己的专业，去贡献自己的力量、贡献自己的光和热，这才是每个销售人员与这个时代的价值，这才是我们真正的使命，这才是值得我们一辈子去爱、去追求的梦想。

与此同时，我们应该结合自己的销售经历和最佳实践来总结销售实践的基本性、共性和规律性，而这些典型性特征就是我们可以知识化的，可以序列化的，正如英国生物学家、进化论的奠基人达尔文在1888年给科学下过一个定义："科学就是整理事实，从中发现规律，做出结论。"达尔文的定义指出了科学的内涵，即事实与规律。科学要发现人所未知的事实，并以此为依据，实事求是，而不是脱离现实的纯思维的空想。

至于规律，则是指客观事物之间内在的本质的必然联系。因此，科学是建立在实践基础上，经过实践检验和严密逻辑论证的，关于客观世界各种事物的本质及运动规律的知识体系。基于此，以逼单这个典型性的销售实践，我们的假设是：在销售流程中，客户如果不签单，道理很简单，就是供应端和接收方双方任何一方的问题或者是磨合的问题。供应端是指企业、销售人员、产品或服务；接收方就是客户、需求和关键决策人。作为公司，我们首先假设供应端没有问题，那么问题就在接受方，而接受方的主要问题是什么？是什么导致了不签单？两个字：阻抗。接下来我们与大家分享逼单的四个关键环节。

- 第一步，引导心理预期。
- 第二步，减少成交阻抗。
- 第三步，提供决策框架。
- 第四步，把控关键时刻。

首先，逼单是一个基本的销售流程，既然是整体销售流程中的一个环节，势必会涉及流程的连贯性和流畅度，因此签单前的准备和铺垫、签单后的场景和价值呈现，是每一个销售人员必须精心准备的。其次，逼单是整个销售流程的关键节点，决定了客户和销售人员的努力付出是否有结果呈现。最后，逼单是给客户带来价值的最关键步骤。作为一门实践性学科，只有做到科学有序地引导客户，掌握好推进签单的节奏，引导好客户的心理活动和匹配好相应的资源，才能够达到我们理想的境地。

1. 第一步：操作初始认同并引导心理预期

客户从接触到销售人员开始，对于销售人员、公司和产品有了一个初步的、大致的模糊印象，随着销售流程的推进和销售人员的努力，对销售人员的了解增加，对公司和品牌知名度及美誉度，甚至是其他客户的评价都有了进一步相对清晰的了解，初步的信任基础已经完全建立了起来。

因为客户对公司和销售人员的判断是基于观察、期望、推理和热情的一个综合体的直觉，优秀的销售人员深谙此道，因此他们启动、引导甚至来操作客户的直觉判断系统，从而减少客户的决策成本。这样一方面有利于提升客户做决策的清晰度；另一方面有利于将客户和其他竞争对手隔离，这是一个非常高超的客户心理把控水平。

2. 第二步：减少成交阻抗

正如汽车必须依靠发动机的驱动，是为了减少轮胎与地面的摩擦力，依靠汽车的驱动系统克服摩擦力才能前行。在销售过程中，同样的道理亦是如此，从某种意义上来讲，一旦减少成交阻抗，将大大推动成交的速度，因此优秀的销售人员势必要非常清楚阻碍客户成交的因素。通常而言，成交的阻抗分为以下三种类型。

（1）第一种：竞争对手和竞争产品

时至今日，所有销售的商品或服务，非常难以做到独一无二，基本上都属于红海行业，也就是买方市场。同一类商品或服务将有大量的供应商接触到潜在客户，正因如此，客户将会有大量的选择和比较机会，客户一方面会综合评估供应商的实力水平；另一方面，潜在的竞争对手也会不遗余力地推广自己的公司、品牌、商品和服务，势必会造成僧多粥少的局面，从而加大竞争的压力。

与此同时，竞争的加剧将会导致供应商之间的互相调整自己的销售策略，争先恐后地企图满足潜在客户的期望值。所以优秀的销售人员要对潜在的竞争对手做充分的了解和准备，包括产品、价格、交付方式、特点、客户评价，甚至是售后服务，力争做到知己知彼，百战百胜。

（2）第二种：客户内部的反对派

销售作为一种商业活动，是一个典型的利益交换体系，有赞成者，势必也会存在反对者。而公司内部的反对者的力量和声音，将直接影响最后的销售结果。销售人员必须通过自己的渠道和方式，尽快查明反对者的主要意见和观点，并且将反对者的人士列明出来，调整有针对性的销售策略，并且逐个击破，为签单打下基础。

很多的销售人员为了节省精力甚至对客户内部的反对声音视而不见，只是一味跟踪和给予关键决策人压力，简单粗暴地拿下订单，现在这种可能性越来越小了。道理很简单，按照之前我们对客户内部利益相关人员的分类，每一类人员都有机会对销售结果产生决定性的影响，因此，从某种意义上来讲，销售推进的过程类似游戏的通关，必须历经九九八十一关，才能够成功取得真经，搞定客户，拿下订单。

（3）第三种：关键决策人的心魔

正如我们在前面成交心理学中所讲，销售人员必须对关键决策人的心理活动和状态了如指掌，与关键决策人一起克服这些心理压力，建立并引导正面的销售机会。与其说是销售人员说服客户的关键决策人，还不如说是为客户自己的决策提供他所需要的信息，然后顺势而为进行心理建设，让关键决策人自己说服自己，变成他的沉没成本，一旦沉没成本越来越大，客户决策的可能性就越来越高。

面对阻抗，销售人员必须首先足够重视，其次是保持足够的耐心，并积极寻找解决方案。通常的解决方案只有两种：其一，见招拆招，逢水架桥，逢山开路，直面困难，并且拿出针对性的解决方案；其二，绕过阻抗，采用替代方案。阻抗是很多销售人员容易忽略或者说是视而不见的，尤其是新进销售人员，对客户公司内的运转模式缺乏足够的了解，对客户的心理状态缺乏了解，或者说是对客户公司内部的决策流程不甚了解，从而造成莫名其妙的丢单和丢客户，这是常态也是急需改善和优化的销售策略和技巧。

3. 第三步：提供决策框架

决策框架就像施工图，任何一个建筑物之所以能够拔地而起，一定需要一个设计师，需要一张施工图，需要一个施工进度表。这是销售工具 sales kits 必备的内容和最核心的精华部分，而这三个一，需要由销售人员来发起，来构建，来推动，并积极地影响和吸引关键决策人参与贡献，由此而演变成公司的劳动成果和价值方案。

（1）设计师

一个优秀的销售人员不仅仅是推动销售结果的达成，而首先必须是一个销售解决方案的设计者，作为一个优秀的设计师，必须具备丰富的专业知识，见多识广并且一心为客户的利益考虑，设计出性价比最高的解决方案。

与此同时，如果有其他客户的成功案例，这将是一个最大的利好。正如华人最伟大的建筑设计师贝聿铭，约翰肯尼迪图书馆、香山饭店、卢浮宫玻璃金字塔、中银大厦、苏州博物馆和伊斯兰艺术博物馆等，都是他作为一个优秀设计师的丰碑。

据此，作为专业销售人员，也一定是有很多的成功案例，而这些成功的案例，将会是销售人员的口碑和专业力的完美结合和最终呈现。

（2）施工图

施工图是表示工程项目总体布局、建筑物的外部形状、内部结构、内外装修、材料以及设备、施工等要求的图样（来自：百度百科）。与此同理，专业且优秀的销售人员的三个一解决方案中，施工图是必不可少的内容，施工图完美地呈现了客户痛点解决方案的逻辑、框架，所需要投入的资源以及痛点解决后的场景，对于客户而言，这是一个极其重要的环节，这个环节让客户可以看到投入，看到未来，更加重要的是增强了客户信心，施工图就好像是一幅美妙绝伦的画卷，画卷徐徐展开，客户将会为此而买单。

（3）施工进度表

施工进度表即施工组织按计划进行，它是施工单位对即将开工的装饰工程进行施工准备的基本技术文件，是根据装饰工程施工项目的要求，确定经济合理的安排。销售流程中的施工进度表，就是指销售方案中呈现的每一个基础动作，每一次的进度检测表和每一次双方的沟通协调会。对于双方而言，将每一个步骤每一个阶段性目标和验收成果书面化和流程化了，更加重要的意义在于，我们不用再讨论签单与否的问题，而是讨论如何实施、双方如何配合来提升销售解决方案的价值和客户获得价值。

专业销售人员的三个一工程中，有一点特别特别特别重要：关键节点的设置。关键节点是指在销售解决方案的设计中，一定要嵌入关键节点；关键节点可以是销售解决方案中的阶段性标志工作的完成（比如某一个小项目完成并验收合格），也可以是时间的维度，比如以月度为单位的通气会等；关键节点对双方最重要的价值是销售解决方案得以顺利实施的制度性保障。设计师、施工图和施工进度表，这三样一方面是每一位专业销售人员的价值体现，另一方面更加是产品或销售服务的可视化、可量化和双方心理契约的信用合同，这是无与伦比的美妙瞬间。

4. 第四步：把控关键时刻

关键时刻是指客户释放出成交的信号或者是销售人员提出成交请求的节点时刻。这是千载难逢的机会，优秀而专业的销售人员对此就像鲨鱼对血腥味那样嗅觉敏感。客户释放的成交信号，包括以下三点。

（1）越来越关注使用效果

当客户主动邀请你并仔细询问使用后的效果，甚至是其他客户的使用体验和结果时，这时候客户的心理起了很大的变化，潜台词是：我如果购买了你的产品和服务之后，到底使用的效果如何？我的投入产出比如何？实际的使用效果和销售人员描述的是否存在一致性？销售人员的承诺内容是什么？这是非常明显的购买信号，至少表达和传递了想要购买的意愿。

（2）主动询问售后服务

从成交心理学的角度来看，客户非常关注专业销售人员承诺的一致性和沉没成本，而售后服务可以毫不夸张地说，就像是一颗定心丸，定心丸的最大价值是兜底保险条款，也是促使客户下单的最后一个阻抗，一旦突破了这个心理障碍，我们离签单将会越来越近。

（3）询问合同细节

合同既是对双方意愿和支付能力的书面确认，也是双方权利和义务的书面约定，更加是双方互相的价值认可和利益趋同。从经济学角度来讲，合同的签订，意味着权益的转移和利益的二次分配。因此，双方都非常认真谨慎地面对书面的承诺，只有当心理准备就绪，只有当双方信任完全建立，只有当大家对未来有共同的期许，都达成一致的时候，才会进入到正式的合同阶段。

当客户释放出了成交信号的时候，专业销售人员的表现应该符合双方一致的期望，并且尽快给予回复，考虑到竞争的激励程度和客户决策的复杂性，可以毫不夸张地说，这种机会千载难逢且稍纵即逝，机不可失，失不再来。在这个关键节点，专业的销售人员要有心理准备和方案准备，例如专业耐心细致的解答，超出客户期望的承诺以及实际的行动。

第五章

客户的初次成交是下次成交的开始

欢呼雀跃地共启愿景

销售人员的使命：帮助客户把价值转化为行动，把愿望转化为现实，把障碍转化为创新，把分裂转化为团结，把风险转化为收益。与此同时，客户需要的是关系体验和价值创造，这是销售实践中，亘古不变的终极法则，用销售的土话来讲：做一单生意，交一个朋友，成就一段故事，打造一个品牌。

优秀的销售人员会激发客户表现出最佳状态；优秀的销售人员会找到客户的潜力，并且总能够找到办法将其充分释放出来。优秀的销售人员不会把自己对未来的愿景强加于人，而是和客户共同来规划、来设计，他们会把客户心中魂牵梦绕的愿景释放出来。

激情四射地展望未来

1.预测到所有的可能性，激活客户的愿景

优秀的销售人员需要善于激发客户内部利益相关者的愿景，愿景主要是痛点解决后的场景以及在销售解决方案实施的过程中，共同参与者的付出、努力、成长和收获。每一个人的内心都渴望改变，渴望成长，渴望并肩作战，渴望证明自己。每一次的经历就是一次前所未有的体验，每一次的团队协作就是一次检视自己的机会，所以优秀的销售人员要善于了解销售解决方案中的每一位参与者，仔细分析在解决方案的实施过程中，每个人的付出、努力和收获，甚至失去，拿出针对性的沟通解决方案，来激发每个人内心对成长的渴望、愿意为了成长而付出的渴望。

2.找到一个共同和相互认同的目标，诉诸共同的理想

优秀的销售人员从销售的过程简单来看，只是给客户提供了产品或服务，这是一个简单而初级的理解，这是对销售实践的一个第一步的认知。作为一个优秀的销售人员，在与客户的沟通交流过程中，仔细聆听客户的描述，认真揣摩客户的心理活动，梳理客户的痛点，本身就是一个全面深入了解客户现状的过程。

与此同时，你和客户之间的信任也逐步建立了起来，并且

愿意携手来解决目前面临的困难，这个时候就好像奥运会射箭比赛中，所有运动的唯一目标就是找到靶子并且利用自己平时的练习、技巧，调整心态，观察风速和空气湿度，一箭正中靶心，而这个靶心就是你和客户的共同目标。

这个共同的目标必须是明确的，可以量化的，可以改善的，这个改善的方案就是销售人员提供的销售解决方案。一旦你们找到了靶心，有了共同的目标，接下来马上要做的就是将解决后的场景明确化和具体化，同时要共同制定实施的步骤和程序，就是之前所说的施工图，施工图将会带领你和客户到你们想要去的地方，也是你和客户的共同未来。

3. 促进合作，创建一个相互信任的氛围

销售人员在与客户合作的过程中，一定不是一个人在战斗，而是一群人在战斗，尤其是对企业客户的销售，涉及很多的利益相关方和实施方。因此，如何创建一个相互信任的氛围并促进合作，是头等大事，也是销售解决方案中，必须跨越的第一关，否则成功无从谈起。

此时此刻，非你莫属！销售人员必须摆正心态，确定自己的定位，将自己定位于一个为结果负责的角色，全力以赴帮助客户推动方案的实施。只有与结果深度的绑定，并且以主人翁的心态来面对实施方案，才有可能成功。

与此同时，在创建一个相互信任的氛围中，以下三步将帮

助你。第一步，圈定实施步骤和关键责任人。施工图的价值此时就显现了出来，依据施工图必须将施工步骤具体化，并且每一步的具体责任人、截止日期、所需投入的资源必须清晰，并且符合 smart 原则。

第二步，项目沟通会或者启动会。作为一个销售解决方案，要做到让相关利益方心知肚明，清楚共同的目标，以及每一步的方案，这十分重要。就像一位将军在前线指挥千军万马，有侦察小分队，先头部队，主力部队，战略支持部队，后勤部队和救援部队，每个人每个队伍的职责分工必须是非常明确的。

第三步，指导委员会。指导委员会通常是由项目实施方和提供方的高层以及关键决策人组成，其主要的价值在于为整体的实施方案提供方向、指导、决策、协调或者资源支持，只有这样才能够打胜仗。

2020年春节的新冠肺炎疫情最初在武汉，后来扩散到湖北全省，随着人员的流动被释放到全国。事已至此，如何保障人民生命安全，就不仅仅是一个区域性的问题，而是一个全面防疫、检查、治疗和保障体系。因此，由国家最高的卫生健康委员会来作为统一指挥机构，从医疗用品、医疗人员、医疗设备和设施，检查体系和用品，治疗体系和药品，隔离人员的安置，医疗人员和隔离人员的基本生活保障，全国性的交通安排以及企业复工的统筹，都是一个庞大而复杂的体系，只有每一个岗位都各司其职、各尽所能，做好自己的本职工作，才能够取得全国性的抗疫胜利。这个过程，充分体现了社会制度的优越性、主管机构运营的效率、国家公职人员的素质和人民群众的配合。

撸起袖子加油干

俗语云：说归说，干归干，别站着说话不腰疼。大意是很多的工作或者事情，说是一回事，做又是一回事。只有亲自下场，亲自参与其中，事必躬亲，以身作则，起到带头作用，并且亲自挽起袖子一起干，才能够真正地激励人心。更为重要的是，这不仅仅是姿态的表现，也是在实践中逐步检视方案的可实施性。通过在实际工作中，发现方案的改善之处和优越之处，并且不时对方案进行优化升级和迭代，减少人力、物力和资源的投入。

与此同时，以身作则和躬身入局也是对工作和项目推进进度最好的掌控。挽起袖子加油干，固然是必须的，但是尺度的把控要非常严肃，尤其是很多的企业内部有自己的规章制度，有自己的运营规则，甚至是保密的操作，这是销售人员不可以逾越的边界。否则很多的时候，适得其反，好事变坏事，那就得不偿失了。因此这也是销售人员面临的一大难关和考验，难关在于如何清晰地把握这些边界，这些边界到底在哪里，哪些工作是需要挽起袖子加油干，哪些工作是需要靠边站，远程观察即可。考验是当真正需要你的时候，你是否是最合适的人选？你是否有能力对项目实施？而不仅仅是一个简单的销售。

这个过程，也是一个赋能给客户的过程，赋能给客户团队的过程。赋能他人在心理上对人的影响非常大，是非常重要的一步，因为它会影响人们期望自主决策的需求。人们有一种内在的需求，期望对影响他们的结果与决策拥有影响力，以便让自己的生活拥有一种秩序感和稳定感。

完美收官庆祝胜利

1. 激励团队，认可行为结果和贡献

实施解决方案的过程中，尤其是在施工图设计的过程中，当遇到解决方案是一个相对长期且节奏清晰时，我们需要设置节点。节点的意思是，这是一个流程中的环节，与此同时，环节是一脉相承的、是承上启下的关系。而在这些节点中，我们要设立相应的评价标准，并且作为关键节点也就是里程碑，这些里程碑的成功，意味着解决方案推进的节奏和进度，一旦关键节点取得了成功和突破，你就应该总结经验，认可贡献，并且进行小规模的激励，这点非常重要，人生的大胜就是由无数的小胜积累而成的。

《荀子·劝学篇》云："故不积跬步，无以至千里；不积小流，无以成江海。骐骥一跃，不能十步；驽马十驾，功在不舍。

锲而舍之，朽木不折；锲而不舍，金石可镂。"

大意是：不积累一步半步的行程，就没有办法达到千里之远；不积累细小的流水，就没有办法汇成江河大海。骏马一跨越，也不足十步远；劣马连走十天，它的成功在于不停止。如果刻几下就停下来了，那么腐朽的木头也刻不断；如果不停地刻下去，那么金石也能雕刻成功。所以解决方案的团队成员尤其是 leader（领导），一定要进行长期的心理建设，同时要及时地认可贡献，并且利用机会激励团队，跨步向前。

2. 庆祝胜利，强化价值观

最终的胜利，一定是团队的胜利，一定是客户的胜利，也一定是优秀的销售人员的胜利！大家可以自行想象一个场景或画面，当项目从立项到开工，从开工到中途遇到的种种艰辛，从攻克一个个难关到突飞猛进，从突飞猛进到最后的胜利，这是一个循序渐进的过程，也是一个团队磨合的过程。这是一个业务的胜利，也是一个团队的胜利，因此每个人都为之付出，每个人都为了公司的未来在进行投入，庆祝胜利的最好方式是个人的成长、团队的胜利和组织的认可。

与此同时，这个过程，是组织价值观凸显、强化和深化的最好机会，是一个组织文化形成的最好机会，也是一面镜子，折射出了企业方方面面犄角旮旯存在的问题和需要改善的地方，都会一一暴露出来。这是正常现象，这也是好事。这是改善的开始，这是成功的征兆，这是我们未来的工作方向和重点，唯有此，才可以变得更好！

客户体验扩散和传播

成交相当于完婚，只不过是求婚成功和婚姻生活的开始。婚姻生活的好坏，则取决于卖方对双方关系的管理。管理的好坏决定了这桩生意将能得以继续并不断扩大还是麻烦不断，甚至分道扬镳，也决定了是成本增加还是利润上升。关系管理可以制度化，但在制度化的过程中必须体现人格化。

——莱维特《营销想象力》

之前我们有谈到，客户需要的不仅仅是价值创造，其实也需要有良好的关系体验。客户体验之旅，是客户与企业（包括销售人员、产品和办公地点等）之间多渠道多维度互动的行程和行为记录，尤其是客户在每个触点上的"纯体验"感受，也是客户在使用产品过程中建立起来的一种纯主观感受。

所谓体验服务，是让客户对产品或公司全面体验的过程，它以提高客户整体体验为出发点，注重与客户的每一次接触。

通过协调、整合售前、售中和售后等各个阶段，各种客户接触点，或接触渠道，有目的地、无缝隙地为客户传递目标信息，创造匹配品牌承诺的正面感觉，以实现良性互动，进而创造差异化的客户感知价值，从而提升客户的忠诚度和口碑传播。

体验扩散

以用户体验为核心，做动态平衡，因为优质的用户体验，会带来良性的口碑宣传。与此同时，体验过的用户好比是路由器，是口碑扩散的分发关键节点。口碑传播其实是品牌和用户绑定的传播方式，更是最有效的最良性的品牌塑造方式之一。

优质的用户体验还将带来的是，吸引真正认同品牌价值与品牌产品或服务的认可。认可度最强的核心用户，甚至会成为企业产品或服务的代言人和品牌大使。企业或者销售人员要善于挖掘引导，甚至创造意见领袖（KOL），逐步向外扩散，形成自发的金字塔品牌用户模型，如果辅以持续的互动，构成优良的用户群体。用户群体本身还可以参与企业的发展。

接下来，与大家一同就两个现象级的平台，来共同探讨和学习。

1. 小红书案例

小红书，一款现象级 APP，小红书是一个生活方式平台。

在这里发现美好、真实、多元的世界，找到有意思的明星达人，与他们一起共同标记自己生活的点滴。截至 2019 年 7 月，小红书用户数已超过 3 亿，其中 70% 用户是90后。

小红书 CEO 毛文超在与腾讯大学总监安娜的一次访谈中，对"关于社区内容和氛围"的内容做了以下精彩的阐述，总结如下。

第一点：良好的社区，需要热心的"朝阳群众"一起维护。

小红书的核心逻辑是：关注的单点是人，而非内容。我们最早的 MVP（最小可行性产品）叫"香港购物指南"，小红书关注2013年12月圣诞打折季会去香港购物的用户，他们是产品的第一批用户，也是中国消费领域里最见多识广的人。除了香港，这群人还主动分享了去日本、美国、欧洲购物的体验。

从那个时候开始，小红书及其管理团队马上就意识到，人是活动的，而生活方式是流动的。所以，小红书很早就会看各领域里最有代表性和生活丰富，且对时尚有很强的敏感度，而且是购买力极强愿意分享的人，有没有来到小红书，有没有在小红书上分享他们的所见所闻，所感和所获。小红书不关注是否能把购物这个场景做到特别极致，但关注小红书能不能让来到这里的人有归属感，有了归属感，他就会把他的人生，记录在这里。

归属感来源于什么呢？

毛文超道：打个比方，你来到一个新城市，一定有一个大的触发点，可能是一个新学校、一份新工作、一段新感情。但愿意留在一个城市，通常是因为在这儿生活非常舒适，能交到朋友，能找到自我。所以我们花了很多力气，把这个"城市"变成一个宜居的地方。不同的城市有不同的特质，吸引不同的人。这个城市的生活方式和行为，是由人产生的，而不是由这个城市直接产生的。我们花了很多时间，去思考底层价值观问题，总结小红书这个"城市"的气质，是真实、美好和多元。我们也思考了很多，如何通过各种基础设施建设，持续保证小红书的这个气质。

　　与此同时，正因为有人想过更好的生活，并为之付出努力，是很好的，比如你想要一个更好的包包，你想要一份更好的工作，你想要一段更好的感情，这些都是你想要变得更好的一种方式；不好的是你投机取巧或不愿意付出努力。我们更关注大家实现想法的路径，以及会用什么样的方式来分享。我们很希望通过合理的平台规划，让每个用户既能在自己的生活环境里得到支持和归属感。同时，也能看到这世界上还有自己触一触就能够得到的更好的生活，这对于年轻人来说，是一个很好的生活状态。

　　在对头部 KOL 的获取上，小红书有了更深更独到的见解，于是小红书将目光瞄准了明星代言人，比如咸薇、江疏影，等等，明星陆续入驻。现在偶像练习生的练习生们也都陆续加入进来。林允是当红明星，她算是第一个入驻小红书的明星，刚开始的目的应该是很单纯地想分享好用的东西，而且确实写得都很用心，她入驻那会儿还没有很多明星扎堆着要进小红书。通过记录当红明星的旅游和购物体验，甚至是真实的明星，这给所有潜在消费者带来一个深度的思考：比如明星真的是看起来那么光鲜吗？他们为什么不能告诉大家真正的自己是什么样的？

第一，社区氛围很真实，我们提供大家做自己这样一个真实的大环境，早期一些明星加入小红书开始分享，有的还会回复粉丝评论，大家是自己原创的，不是我们运营的。我问团队怎么邀请明星，他们回答我三个字：做自己。这个词还挺能证明我们社区的气质的，每个人都做自己，你不做就会很奇怪。

第二，是美好，引领大家正能量，而不是当键盘侠。

第三，是多元，尊重每个个体不一样，如果你真实了，那每个人就是不一样的。新一代艺人个性都很强，你可以训练他的能力，但内生特质无法改变，你应该放大他招人喜欢的地方，而不是非要把他变成另外一个人。

瞄准目标客户，挖掘心理需求，精心运营社区，小红书在毛文超的带领下顺利完成"购物指南"到"种草天堂"的华丽转身，成为年轻人的心灵家园。

2. 小米的粉丝案例

我经常问大家一个问题：去过海底捞吗？海底捞就真的比五星级酒店的餐馆好吗？其实，口碑的本质是超越用户的期望值。

——雷军2012年站长大会

首先创造一个 Miui 的圈子文化，而能够进入这个圈子基本上都是以技术和产品人员为主，辅之以部分手机的重度使用者，适时地和粉丝保持沟通，并指定专门的人员来跟进粉丝的建议和想法，甚至直接让部分粉丝参与到系统的决策中来，然后通过这些技术和产品人员的口碑吸引更多的潜在粉丝进来，形成滚雪球效应，成为前期初始的发烧友，因此树立了在安卓系统的一个专业和权威的口碑；接下来，水到渠成开始投入到手机的生产，而正是因为前期大量粉丝的参与，满足了客户的需求甚至是部分定制化的需求，与此同时，粉丝在未来的新产品中投入了自己的时间资源和智力资源，因此产生了沉没成本，所以这些粉丝一定是水到渠成的首批新用户。

小米依托 Miui 培养了死忠粉，当新品上市后，又策划了一系列眼花缭乱的营销策略，比如规模可以比肩苹果且气势恢宏的新品发布会。粉丝在新品发布前期排长队的现象；雷军本人的个人品牌推广；所有高管齐上阵的微博营销甚至是制造话题与友商的高管互相反驳，吸引眼球和注意力，做足了文章。仅个人微博的粉丝数量，截至2018年12月20日，小米CEO雷军的粉丝数量已经达到了2000万。"建平台、聚粉、卖货"，是任何品牌对粉丝营销的必杀器，让我们看看小米是怎样沉淀用户的。

小米成功的精髓，就是通过创造独具特色的"粉丝文化"，走进用户的需求链，进而契合他们的生活方式，持续在用户身上进行粉丝流量的变现。这是和传统品牌最大的不同。"爆米花"活动——用户的见面会。"爆米花"活动已经形成了一个非常特有的体系，甚至是一种特有的年轻人的现象级文化，包括小米官方组织的几十场粉丝见面会、用户自发组织的同城交流会，以及一年一度的"爆米花年度盛典"。"爆米花"活动并不是小米手机的路演，也不是所谓的小米高管见面会，而是为了让粉丝在一起自己"high"，给广大用户提供一个展示自我、认识朋友的舞台。"爆米花"活动全程都让用户自愿参与。包括：用户可以在论坛里投票决定在哪个城市举办；现场会有用户自导自演的精彩节目，而表演者是提前在论坛里面海选出来的；布置会场也会有米粉志愿者参与。

每一次"爆米花"结束的晚上，当地资深米粉还会和小米的团队成员一起聚餐交流。更有意思的是，在这场欢乐的聚会中，小米还铺上了红地毯，设计了T台，营造出让人炫目的舞台效果。通过社区数百万米粉选出几十位在各个领域非常有代表性的资深米粉，小米公司精心为他们制作专门的VCR，请他们走上红地毯，领取一份属于他们的"金米兔"奖杯。米粉们发现，在米粉的群体中，开始有了属于米粉自己的"大明星"。这些大明星平时就和他们一样在小米论坛里、在新浪微博上、在米粉们自己的微信群中。这种参与感在"爆米花"活动中被推向了顶峰。此外，小米还办《爆米花》杂志，让米粉成为时尚封面的主角。

这一切的一切都是对小米客户的精确定位和对客户心理的掌控，因为小米手机定位是年轻派、技术派，愿意参与、不走寻常路和喜欢新奇特是这些潜在用户的共同标签，而这些营销活动就提供了这样一个完美契合潜在用户需求的舞台，充分调动他们的积极性和参与感，这样，建平台、聚粉和卖货一气呵成。

从小红书和小米这两个案例中，我们非常清晰地看到客户体验和传播给企业带来的价值。一方面是品牌知名度的迅速提升，尤其是在自媒体自带流量的时代，自媒体有自己的渠道甚至是朋友圈关系群组和受众，如何充分地挖掘自媒体的影响力，也是很多的品牌尤其是消费品品牌必须深入思考的。

另一方面，一旦渠道建立起来，消费者有了良好的体验，形成了口碑，当然是正向的口碑，传播和扩散的速度将会是始料不及的。更加重要的是，自媒体的受众都是同质化很高的潜在消费者，直接转化成客户的概率非常之高，这是真正意义上的潜在消费者，通过品牌和口碑驱动，从而提升了品牌在消费者心目中的美誉度。

如何主动进行关系的管理

随着买卖双方的相互依赖性不断增强，越来越多的经济业务是通过长期关系的形式来完成的。已经不再是你吸引了一名客户，然后你想要把他留住。也不再是买主想要购买什么产品的问题。客户需要的是一个能信守承诺的供应商，一个能持续供应、说到做到的卖主。婚姻是双方要建立长期的婚姻关系，**婚姻关系**会让双方感到更加方便，也更有必要。这是因为，产品过于复杂，反复谈判对双方来说太麻烦，成本也太高。在这种情况下，成功的营销就像是一场成功的婚姻，会不可避免地转变成一种长久的关系，而买卖双方之间的交往界面也就变成了相互依存。

无论是在婚姻生活中，还是商业世界里，关系的自然倾向都是衰退敏感度和注意力下降或退化。健康的关系要能维持，最好是能扩大双方无论是在婚姻生活中还是商业追求过程中创造的价值和可能性。它要求双方持续不断地抗击衰退的力量。所以，商业世界里，关系的自然倾向都是衰退敏感度和注意力下降或退化。买方有必要经常认真地问一问自己各种问题，例如："我们做得怎么样？""关系是在改善还是在恶化？""我们的承诺有没有完全兑现？""我们在这个客户的关系中怎样应对竞争对手？"

　　你的下一笔生意、下一个产品、下一个主意、下一阶段的成功，在很大程度上取决于你的外部关系。一种良好的关系就是一笔优质的资产。我们既可以在关系上面投资，也可以从关系上面借支。所有的人都有关系，但我们很少在乎它，几乎从来不去管理它。然而，一家公司最宝贵的财富，莫过于它与顾客之间的关系。这种关系的含义并不是"你认识谁"，而是他们通过怎样的方式来了解你，而这种方式是由你们之间的关系的性质所决定的，这种关系的好坏又取决于你对关系的管理。

后　记

　　本书是我继《快速成交》和《销售冠军的自我修养》之后的第三本销售签单类书籍，历经整整两年精心的准备和策划，为此我还依然保持着每天和销售兄弟们一起共同拜访客户，仅仅只是为了获得第一手且最真实的信息，保持对销售行业的敏感性，深入现场洞察客户行为和销售流程的匹配。

　　在此很幸运得到了很多销售兄弟和大佬们的支持和帮助，在你们身上，我深切感知到了向上的力量，不计较个人得失地全力以赴，没日没夜地打电话，预约客户，洽谈客户，签单收款和用心服务，自始至终抱着一颗服务好客户的心思，为客户传递价值，为客户带来业绩的增长，为客户带去希望，为自己的美好生活而奋斗的决心和坚持！正是你们这种拼搏和奋斗的状态带给我力量和希望，深深地感染和激励着我。越是如此，我越发觉得需要为你们做点什么，为你们摇旗呐喊，为你们添砖加瓦，为你们赋能和分享更多的销售技巧和签单法则，感恩相遇！

　　销售是一个很奇特很复杂很交叉的科学，很奇特代表着销售过程和结果的不确定性和不可预测性，包括你可能都只是在电话销售中，直接签单直至收款，甚至都没有和客户有过一面之缘；客户突然不理会你了，电话不接，微信不回，仿佛人间蒸发；面谈的时候，对产品了解，有切实的需求，有付费的意愿和能力，看似谈妥了且有了初步的约定，可是突然又玩失踪……很复杂代表着一方面需要有对客户需求的深入的理解和洞察，另一方面又要对公司的产品和服务有深度的洞察，在公司产品和服务与客户之间进行无缝的匹配，并且完成整个销售流程又变幻莫测。很交叉代表着作为一名资深的销售人员，需要在行业、知识和技巧，以及对客户心理的把控上恰到好处，熟练掌握心理学、行为学、社会学和人际关系学等学科知识。正因如此，我一直坚信"科学销售"的理念，饱含敬畏之心，小心翼翼不断学习不断消化与吸收，力求将销售行为和过程系统化以减少不确定性，提升销售行为的正确性和提高成功率，让员工、公司和客户利益最大化，这是我立志终生追求的方向和目标。

　　为此，我特别邀请一群志同道合的销售精英和爱好者果断成立了销售力专业研究院，集中力量和资源研究销售人员的行为、客户的决策和购买心理以及科学的销售系统，重点方向包括：如何提升销售人员的工作效率，如何减少销售行为的偏差，如何推动销售流程的进度，如何精准挖掘客户需求，如何打造高绩效的销售团队，如何制订年度业绩规划等一系列出现在销售流程和体系中高频的难点。虽然我和我团队的力量微不足道，但是我们愿意为销售这个伟大的事业和销售兄弟们这个生机勃勃的团体，分享和贡献自己的所得所获和毕生所学。做学术和做销售，看似两个截然不同的行业和职业，却有着千丝万缕的联系，需要大量的假设、学习、实践和验证，从而得到最优解。

一路走来，感慨万千，秉承让天下没有难签的单的使命，我们埋头苦干无怨无悔，因为我们一直坚信：销售点亮人生，找一群志同道合的人，做一件有意义有价值的事情，回头有一路的故事，低头有坚定的脚步，抬头有清晰的远方。借此机会，特别感谢一路陪伴和支持销售事业的战友们：牛玉奇、张得发、宋志娟和牛璐瑶等。

最后特别由衷感恩我的太太、两个特别懂事的孩子以及年迈的父母——毫无保留的信任与支持，是他们默默无闻在背后支持我一路前行！